Copyright © 2025
Yatir Nitzany
All rights reserved.
ISBN-13: 978-1951244392
Printed in the United States of America

Foreword

About Myself

For many years I struggled to learn Spanish, and I still knew no more than about twenty words. Consequently, I was extremely frustrated. One day I stumbled upon this method as I was playing around with word combinations. Suddenly, I came to the realization that every language has a certain core group of words that are most commonly used and, simply by learning them, one could gain the ability to engage in quick and easy conversational Spanish.

I discovered which words those were, and I narrowed them down to three hundred and fifty that, once memorized, one could connect and create one's own sentences. The variations were and are *infinite*! By using this incredibly simple technique, I could converse at a proficient level and speak Spanish. Within a week, I astonished my Spanish-speaking friends with my newfound ability. The next semester I registered at my university for a Spanish language course, and I applied the same principles I had learned in that class (grammar, additional vocabulary, future and past tense, etc.) to those three hundred and fifty words I already had memorized, and immediately I felt as if I had grown wings and learned how to fly.

At the end of the semester, we took a class trip to San José, Costa Rica. I was like a fish in water, while the rest of my classmates were floundering and still struggling to converse. Throughout the following months, I again applied the same principle to other languages—French, Portuguese, Italian, and Arabic, all of which I now speak proficiently, thanks to this very simple technique.

This method is by far the fastest way to master quick and easy conversational language skills. There is no other technique that compares to my concept. It is effective, it worked for me, and it will work for you. Be consistent with my program, and you too will succeed the way I and many, many others have.

CONVERSATIONAL DANISH QUICK AND EASY SERIES

The Most Innovative Technique To Learn the Danish Language

PART - 1, PART – 2, PART - 3

YATIR NITZANY

Check out my website:
www.Conversational-Languages.com

CONTENTS

The Danish Language 6
Danish Pronunciation Guide 7

Danish – I 12
Introduction to the Program 13
The Program 15
Building Bridges 37
Other Useful Tools in the Danish Language 42

Danish – II 45
Introduction to the Program 46
Travel 48
Transportation 51
City 53
Entertainment 56
Foods 59
Vegetables 61
Fruits 64
Shopping 66
Family 69
Human Body 71
Health and Medical 73
Emergencies and Natural Disasters 76
Home 79

Danish – III 84
Introduction to the Program 85
Office 87
School 90
Profession 93
Business 95
Sports 98
Outdoor Activities 100
Electrical Devices 102
Tools 104
Auto 105
Nature 107
Animals 110
Religion, Holidays, and Traditions 114
Wedding and Relationship 117
Politics 119
Military 123

Congratulations, Now You Are On Your Own 127
Note from the Author 129
Also by Yatir Nitzany 130

The Danish Language

Danish, called *dansk*, is a North Germanic language spoken by around six million people, principally in Denmark and in the region of Southern Schleswig in northern Germany, where it has minority language status. It is also native to Greenland and the Faroe Islands.

Dialects include Bornholmian (Eastern Danish), South Jutlandic, and Insular Danish.

Danish uses the Dano-Norwegian alphabet and has a very large vowel inventory comprising twenty-seven phonemically distinctive vowels, and its patterns of stress and intonation are characterized by the distinctive phenomenon stød, a kind of laryngealization or creaky voice, which affects the utterance of a syllable by dividing it into two phases; a high first phase and drop in the second phase.

Danish is a descendant of Old Norse, which was the common language of the Germanic peoples who lived in Scandinavia during the Viking Era. A more recent classification based on mutual intelligibility separates modern spoken Danish, Norwegian, and Swedish as "mainland Scandinavian," while Icelandic and Faroese are classified as "insular Scandinavian."

Until the sixteenth century, Danish was a continuum of dialects with no standard variety or spelling conventions. A standard language was developed with the Protestant Reformation and the introduction of printing. It was based on the educated Copenhagen dialect and spread through use in the education system and administration. Following the loss of territory to Germany and Sweden, a nationalist movement adopted the language as a token of Danish identity. Today, traditional Danish dialects have all but disappeared, though regional variants of the standard language exist.

Danish Pronunciation guide (Guide til udtale)

Vowels (vokaler)

The Danish alphabet has nine vowels and each of these vowels can be either long, short, open or flat. Furthermore, Danish has three vowels that do not appear in the English alphabet Æ, Ø and Å. Below we will explain how each vowel can be pronounced

A (ah):

1. Der bor en masse mennesker (a lot of people are living there). Flat and short like the English 'flat'
2. Du skal ikke mase (Don't push). Flat and long like the English 'face'
3. Der står et skab (There is a closet). Very flat and long like the English 'make'
4. Tak for mad (Thank you for the food). Open and short like the English 'path'
5. Stræk dine arme (stretch your arms). Open and long like the English 'farmer'

E (eh):

1. Det er svært at stå på en scene (it is difficult to stand on a scene). Flat and long like the English '
2. Man kan bare se på (You can just look). Flat and short like the English 'dictionary'
3. Vi skal lige tale sammen (We have to talk). Short sound like the English 'open'
4. Han ligger i sengen (He is lying in bed). Long sound like the English 'men'

I (ee):

1. Hun er en god kilde (She is a good source). Flat and short like the English 'hill'
2. Følg den sti (follow that path). Flat and long like the English 'scream'
3. Det er et godt minde (it is a good memory). Open and short like the English 'link'

O (oh):
1. Det er et f**o**to (It is a photo). Flat and short like the English 'botox'
2. Se min kj**o**le (look at my dress). Flat and long like the English 'motor'
3. Bøgerne står på en re**o**l (The books are on a bookshelf). Flat and very long like the English 'creole'
4. Jeg spiser ikke **o**st (I do not eat cheese). Short and pronounced like the English 'trophy'
5. Hun er ret k**o**rt (She is pretty short). Open and short like the English 'ball'

U (uh):
1. De er f**u**lde af sjov (they are full of fun). Flat and short like the English 'bully'
2. De kiggede på f**u**glene (they were looking at the birds). Flat and long like the English 'moody'
3. Vi har nået b**u**nden (We have reached bottom). Open and long like the English 'bungalow'

Y (eww):
1. Jeg d**y**sser dem lidt ned (I'm calming them down a bit). Flat and short. No exact English equivalent.
2. Hun har ret l**y**s hud (Her skin is pretty light). Flat and long like the English 'dew'
3. Han vil ikke k**y**sse mig (He won't kiss me). Open and short. No exact English equivalent.
4. De r**y**ster på hænderne (Their hands are shaking). Open and short pronounced like the English 'bird'

Æ (ai):
1. H**æ**lder du lige op? (Will you please pour me a drink?). Pronounced like the English 'Let'
2. Jeg går i høje h**æ**le (I'm wearing high heels). Pronounced like the English 'Make'
3. Vi tr**æ**ffer dem nok ikke (We will probably not meet them). Pronounced like the English 'arch'

Ø (oe):

1. Jeg vil gerne købe bilen (I want to buy the car). No exact English equivalent
2. Du må gerne tørre bordet (You can wipe the table). No exact English equivalent

Å (ou):

1. Jeg vil låne ham pengene (I want to lend him the money). Pronounced like the English 'mode'
2. Han har dårlig ånde (He has a bad breath). Pronounced like the English 'fault'

Diphtongs (diftonger)
In Danish, there are two main groups of diphthongs (when a vowel glide into another, e.g. like the English joy "joiee"). Can be spelled in many ways, but are all pronounced in the same way:

1. **Diphtongs that ends in an i (ee)-sound**
2. **Diphtongs that ends in a u (oo)-sound**

I (ee):
The **"AJ"-sound** (pronounced like the English I).
Der svømmer en **haj** (A shark is swimming there)
Jeg siger lige **hej** (I'm just going to say hello)
Han elsker **dig** (He loves you)

The **"ØJ"-sound** (pronounced like the English boy).
Han er **høj** (He is tall)
Jeg kan ikke lide **løg** (I do not like onions)

The **"AI"-sound** (pronounced like the English May)
Han er stadig **baby** (He is still a baby)
Du har fået **mail** (You've got mail)

I (ee):
The **"AV"-sound** (pronounced like the English now)
Vi sejler på det åbne **hav** (We are sailing at open sea)
Vi har en **aftale** (We have a deal)

The "IV"-sound (pronounced like the English eew)
Jeg har et godt **liv** (I have a good life)

The "OV"-sound (pronounced like the English or)
Han opfører sig som en **klovn** (He acts like a clown)

The "YV"-sound (pronounced like the English eew with rounded lips)
Vi mødes klokken **syv** (We will meet at seven)

The "ÆV"-sound (pronounced eoo)
Kaninen blev spist af en **ræv** (The rabbit was eaten by a fox)

The "ØV"-sound (like in the English though)
Hun havde fået nye **støvler** (She had gotten a new pair of boots)

Konsonanter (Consonants)

D (after a vowel)
Jeg sover på en blø**d** pude (I sleep on a soft pillow). Like the English TH-sound.

DS
Det er min hun**ds** halsbånd (The collar belongs to my dog). Silent.

G (between vowels)
Hun er en sød pi**g**e (She is a sweet girl). Often silent.

G (otherwise)
Gulerødderne er for **g**amle (The carrots are too old). Hard as in "get".

J
Julen bliver hvid i år (It is going to be a white Christmas this year). As the English Y.

K
Køber du lige aftensmad? (Will you please buy dinner?) Always a hard K as in the English "keep".

LD (final)
Jeg er vi**ld** med hende (I am crazy about her). Only pronounce the l-sound, as the d is silent.

<u>ND (final)</u>
      Han er en god ma**nd** (He is a good man). Only pronounce the n-sound, as the d is silent.

<u>R</u>
      Hun har **r**ød kjole på (She is wearing a red dress). The Danish r-sound is pronounced from the throat.

<u>RD (final)</u>
      Jeg bor på en stor gå**rd** (I live on a big farm). The d is silent here.

<u>S</u>
      Solen skinner i dag (The sun is shining today). Always like the English sun or silent.

<u>SJ</u>
Det er **sj**ovt at være i Tivoli (Going to Tivoli is fun). Like the English sh as in showbusiness.

<u>ST,SP</u>
      Står du der og **sp**iller smart? (Are you standing there acting tough?) Like in the English "standing" and "space".

<u>V</u>
      Vil du med i biografen? (Would you like to go to the movies?). As in the English "wall".

<u>Z</u>
Der står en **z**ebra i **z**oo (There is a zebra in the zoo). Like the English "sound".

Conversational Danish Quick and Easy
The Most Innovative Technique to Learn the Danish Language

Part I

YATIR NITZANY

Introduction to the Program

People often dream about learning a foreign language, but usually they never do it. Some feel that they just won't be able to do it while others believe that they don't have the time. Whatever your reason is, it's time to set that aside. With my new method, you will have enough time, and you will not fail. You will actually learn how to speak the fundamentals of the language—fluently in as little as a few days. Of course, you won't speak perfect Danish at first, but you will certainly gain significant proficiency. For example, if you travel to Denmark, you will almost effortlessly be able engage in basic conversational communication with the locals in the present tense and you will no longer be intimidated by culture shock. It's time to relax. Learning a language is a valuable skill that connects people of multiple cultures around the world—and you now have the tools to join them.

How does my method work? I have taken twenty-seven of the most commonly used languages in the world and distilled from them the three hundred and fifty most frequently used words in any language. This process took three years of observation and research, and during that time, I determined which words I felt were most important for this method of basic conversational communication. In that time, I chose these words in such a way that they were structurally interrelated and that, when combined, form sentences. Thus, once you succeed in memorizing these words, you will be able to combine these words and form your own sentences. The words are spread over twenty pages. In fact, there are just nine basic words that will effectively build bridges, enabling you to speak in an understandable manner (please see Building Bridges, page 37). The words will also combine easily in sentences, for example, enabling you to ask simple questions, make basic statements, and obtain a rudimentary understanding of others' communications. Please see Reading and Pronunciation (Page 7) in order to gain proficiency in the reading and pronunciation of the Danish language prior to starting this program.

My book is mainly intended for basic present tense vocal communication, meaning anyone can easily use it to "get by" linguistically while visiting a foreign country without learning the entire language. With practice, you will be 100 percent understandable to native speakers, which is your aim. One disclaimer: this is *not* a grammar book, though it does address minute and essential grammar rules, so keep your eyes peeled for grammar footnotes at the bottom of every page. Therefore, understanding complex sentences with obscure words in Danish is beyond the scope of this book.

People who have tried this method have been successful, and by the time you finish this book, you will understand and be understood in basic conversational Danish. This is the best basis to learn not only the Danish language but any language. This is an entirely revolutionary, no-fail concept, and your ability to combine the pieces of the "language puzzle" together will come with *great* ease, especially if you use this program prior to beginning a Danish class.

This is the best program that was ever designed to teach the reader how to become conversational. Other conversational programs will only teach you phrases. But this is the *only* program that will teach you how to create your *own* sentences for the purpose of becoming conversational.

The Program

I | I am - Jeg | Jeg er
With you – Med dig / (**Plural/Flertal**) med jer
With him / with her – Med ham / med hende
With us – Med os
For you – For dig / (**Flertal**) for jer
Without him – Uden ham
Without them – Uden dem
Always - Altid
Was - Var
This - Den/det
Is - Er
Sometimes - Nogle gange
Today - I dag
Are you / you are – Er du / du er
Better - Bedre
You - Du/dig
You plural - I/jer
He / he is - Han/ han er
She / she is – Hun / hun er
From – Fra

Are you at the house?
Er du i huset?
I am always with her
Jeg er altid med hende
I am from the Denmark
Jeg kommer fra Danmark
Are you from Copenhagen?
Kommer du fra København?
I am with you
Jeg er med dig / (**Flertal**) jer
Are you alone today?
Er du alene i dag?
Sometimes I go without him.
Nogle gange går jeg uden ham.
This is for you
Det er for/til dig / (**Flertal**) jer

I was – Jeg var
To be - At være
The – Den
The – Det
Same – Samme
Good – God/godt
Here - Her
It is – Det er/den er
And - Og
Between - Mellem
Now - Nu
Later - Senere
After - Efter
If - Hvis
Yes - Ja
Then - Derefter/så
Very - Meget
Tomorrow - I morgen
Okay – OK/Okay
Also, too - Også
As well - Såvel

I was home at 5pm
Jeg var hjemme ved 17-tiden
Between now and tomorrow.
Mellem nu og i morgen.
It's better to be home later.
Det er bedre at være hjemme senere.
If this is good, then I am happy.
Hvis dette er godt, så er jeg glad.
Yes, you are very good
Ja, du er meget god
I was here with them
Jeg var her med dem
The same day
Den samme dag

*In Danish "this" / "that" can either be *det* or *den*. *Det* relates to a situation in general, while *den* relates to a subject.

Maybe - Måske
Even if – Selvom
Afterwards – Bagefter
Afterwards – Senere
Worse - Værre
Where - Hvor
Everything - Alting
Everything - Alt
Somewhere - Et eller andet sted
What - Hvad
Almost - Næsten
There – Der
There – Derhen
Airport - Lufthavnen
I go / I am going – Jeg går

Even if I go now
Selvom jeg går nu
Where is everything?
Hvor er alt / alting?
Maybe somewhere
Måske et eller andet sted
What? I am almost there
Hvad? Jeg er næsten der
Where are you?
Hvor er du?
You and I
Du og jeg
Where is the airport?
Hvor er lufthavnen?
This is for us.
Dette er til os.

*In Danish, "everything" translates to either *alting* or *alt*.

*In the Danish language, *der* means "there," while *derhen* means "over there."

*This *isn't* a phrase book! The purpose of this book is *solely* to provide you with the tools to create *your own* sentences!

House / home - Et hus / hjem
In / at – I / på
Car - En bil
Already - Allerede
Good morning - God morgen
How are you? – Hvordan går det?
Where are you from? – Hvor kommer du fra?
Me – Mig (*Jeg* is a subject pronoun and *mig* is an object pronoun)
Hello - Hej
What is your name? – Hvad hedder du? / Hvad er dit navn?
How old are you? – Hvor gammel er du?
Son - En søn
Daughter - En datter
Your - Din / dit (both can be used interchangeably)
Hard - Hård / svært
Still – Stadig
So *(as in then)* – Så

She is not in the car, so maybe she is still at the house?
Hun er ikke i bilen, så måske er hun stadig hjemme?
I am already in the car with your son and daughter
Jeg er allerede i bilen med din søn og datter
Good morning, how are you today?
God morgen, hvordan har du det i dag?
Hello, what is your name?
Hej, hvad hedder du? / Hej, hvad er dit navn?
How old are you?
Hvor gammel er du?
This is very hard, but it's not impossible
Det er meget svært, men ikke umuligt
Where are you from?
Hvor kommer du fra?

"He is" is *han er* / "she is" is / *hun er,* however, in questions, the verb and subject change position; "she is?"*er hun?* / "he is?" *er han?*

Ingen bil - "no car" / "without a car". *Bilen* - "the car." *En bil* - "a car."

*"Good morning" translates into *hvordan går det* or *hvordan har du det*. Both of which can be used interchangeably.

*In Danish *kommer* means "to come." "Are you from the Denmark?" can only be translated to *kommer du fra Danmark?*

Thank you – Tak/ tak skal du have
Thanks - Tak
For - For
For - Til
A - En / et
This is – Det er / den er
Time - En tid
But – Men
However - Imidlertid
No / not - Nej / ikke
I am not – Jeg er ikke / det er jeg ikke
Away - Væk
That - Det / den / som
Similar - Lignede
Other – Anden/andet **(Flertal)** andre
Another - En anden / et andet
Side - Side
Until – Til / så længe / indtil
Yesterday - I går
Without us – Uden os
Since - Siden
Day - En dag
Before – Før
Late - Sent

Thank you, Peter.
Tak, Peter.
It's almost time
Det er næsten tid
I am not here, I am far away
Jeg er her ikke, jeg er langt væk
That house is similar to ours.
Det hus ligner vores.
I am from the other side
Jeg er fra den anden side
But I was here until late yesterday
Men jeg var her indtil sent i går
Since the other day
Siden den anden dag

I say / I am saying - Jeg siger
I want – Jeg vil have (jeg vil gerne have)
Without you – Uden dig
Everywhere /wherever – Overalt / hvor som helst
With - Med
My - Min / mit
Cousin - (**Male**) En fætter, (**Female**) en kusine
I need / I must – Jeg har brug for… / jeg må / jeg skal
Right now – Lige nu
Night - Aften/nat
To see - At se
Light - Et lys/lys
Outside - Udenfor
That is – Det/ den er
To be - At være
I see / I am seeing – Jeg ser

I am saying no / I say no
Jeg siger nej
I want to see this during the day
Jeg vil gerne se dette om dagen
I see this everywhere
Jeg ser det/den overalt
I am happy without any of my cousins here
Jeg er glad uden nogen af mine fætre her
I need to be there at night
Jeg skal være der om natten/aftenen
You need to be at home.
Du skal være hjemme.
I see the light outside
Jeg ser et lys udenfor

**Gerne* basically means "willingly" "with pleasure." "I want" *jeg vil* however *jeg vil gerne* sounds politer, however both phrases can be used.

*In Danish *skal* means "must" "shall" while *er nødt til at* means "need", *jeg vil* means "I want" and *jeg vil gerne* means "like". You will notice in the program these verbs will be used interchangeably.

*In Danish regarding the verb "need" *jeg har brug for*: "I need to"… (as in having a need for something) *jeg må*: "I may/must/have to" *jeg er nødt til*: "I need to" (it is necessary for me).

Place - En plads
Place - Et sted
Easy - Let
Easy - Behagelig
Book - Bog
To find – At finde
To look for - At lede efter
To search – At søge
Near - Nær
Close – Tæt
Next to - Ved siden af
To wait – At vente
To sell – At sælge
To use – At bruge
To know – At vide
To decide – At afgøre
To decide – At beslutte
Between - Mellem
Two - To
To – Til / for / for at
That (conjunction) – At / fordi / for at

This place is easy to find
Dette sted er let at finde
I am saying to wait until tomorrow
Jeg siger, at du skal vente til i morgen
It's easy to sell this table
Det er let at sælge dette bord
I want to use this
Jeg vil gerne bruge det/den
Where is the book?
Hvor er bogen?
I need to look for you at the mall.
Jeg skal lede efter dig i indkøbscentret.
Is this place near?
Er dette sted i nærheden?
I need to know that everything is ok
Jeg er nødt til at vide, at alt er ok

*"Place" can mean both *en plads* or *et sted*. Both can be used interchangeably.

Because - Fordi
To buy – At købe
Both – Begge
Them - Dem
They - De
Their - Deres
To understand – At forstå
Problem / problems – Et problem / problemer
I do / I am doing – Jeg gør / jeg laver
Of – Af
To look – At kigge
Myself - Mig selv
Enough - Nok
Food – Mad
Water - Vand
Hotel - Et hotel
First – Første
Time / Times – Tid / tider

Since the first time
Siden første gang
I like this hotel because it's near the beach
Jeg kan godt lide dette hotel, fordi det er tæt på stranden
I want to look at the view.
Jeg vil se på udsigten.
I want to buy a bottle of water
Jeg vil købe en flaske vand
Do it like this!
Gør det sådan her!
Both of them have enough food
De har begge nok mad
I need to understand the problem
Jeg er nødt til at forstå problemet
I have a view of the city from the hotel
Jeg har et udsigt over byen fra hotellet
I do what I want.
Jeg gør hvad jeg vil.
I can work today
Jeg kan arbejde i dag

I like – Jeg kan godt lide...
There is – Der er
There are – Der er
Family - En familie
Parents – Forældre
Why - Hvorfor
To say – At sige
Something - Noget
To go – At gå
Ready - Klar
Soon – Snart
To work – At arbejde
Who? - Hvem?
Important – Vigtig
What time is it? – Hvad er klokken?
Mine - Min
Mine - Mine

I like to be at home with my parents
Jeg kan godt lide at være hjemme med mine forældre
Why do I need to say something important?
Hvorfor skal jeg sige noget vigtigt?
I am there with him
Jeg er der med ham
I am busy, but I need to be ready soon
Jeg har travlt, men jeg skal være klar snart
I like to work
Jeg kan godt lide at arbejde
Who is there?
Hvem er der?
I want to know if they are here.
Jeg vil gerne vide, om de er her.
I can go outside.
Jeg kan gå udenfor.
There are seven dolls
Der er syv dukker
That book is mine.
Den bog er min.

How much - Hvor meget?
To take – At tage
With me – Med mig
Instead – I stedet for
Only - Kun
When - Hvornår
I can - Jeg kan
Can I? – Må jeg?
Or - Eller
Were - Var
Without me – Uden mig
Fast - Hurtig
Slow - Langsom
Cold - Kold
Inside - Indenfor
To eat – At spise
Hot - Hed / varm
To Drive – At køre

How much money do I need to bring with me?
Hvor mange penge skal jeg have med?
I like bread instead of rice.
Jeg kan godt lide brød i stedet for ris.
Only when you can
Kun når du kan
Go there without me.
Gå derhen uden mig.
I need to drive the car very fast or very slowly
Jeg skal køre bilen meget hurtigt eller meget langsomt
It is cold in the library
Det er koldt på biblioteket
I like to eat a hot meal for my lunch.
Jeg kan godt lide at spise et varmt måltid til min frokost.

**Jeg kan lide* means "I like."

*The English word "when" translates into *hvornår* for asking a question. While *når* is used for the future or repeated situations.

*With the knowledge you've gained so far, now try to create your own sentences!

To answer – At svare
To fly – At flyve
Today - I dag
To travel – At rejse
To learn – At lære
How - Hvordan
To swim – At svømme
To practice – At øve
To play – At spille
To leave – At forlade / *gå*
Many /much /a lot – Mange / meget / en masse
I go to – Jeg går til
To become - Bliver

I need to answer many questions
Jeg skal svare på mange spørgsmål
I want to fly today
Jeg vil flyve i dag
I need to learn to swim
Jeg skal lære at svømme
I want to learn how to play better tennis.
Jeg vil gerne lære at spille bedre tennis.
Everything is about the money.
Alt handler om pengene.
I want to leave my dog at home.
Jeg vil efterlade min hund derhjemme.
I want to travel the world.
Jeg vil rejse verden rundt.
The children are yours
Det er dine børn

*In Danish, you say "to **make** breakfast" and not "to prepare breakfast."

**På* is a preposition (can be translated as: on, at, in, into, for), *svare på* – "answer to."

**Verden rundt* translates to around the world. It can't be mirror translated.

*Both at *gå* and at *forlade* means "to leave" someone or something. *Forlade* is often used in cases where you want to emphasize that you are leaving for good or for a longer period of time.

Nobody / anyone - Ingen / nogen som helst
Against - Imod / mod
Us - Os
To visit – At besøge
Mom / Mother - En mor
To give – At give
Which – Hvilken / hvilket
To meet – At møde
Someone - Nogen
To walk – At gå
Around - Rundt om
Towards - Hen imod
Than - End
Nothing – Ingenting
Each - Hver
Every - Enhver

Something is better than nothing
Noget er bedre end ingenting
I am against him
Jeg er imod ham
We go each week to visit my family
Vi besøger min familie hver uge
I need to give you something
Jeg vil gerne give dig noget
Do you want to meet someone?
Vil du gerne møde nogen?
I am here also on Wednesdays
Jeg er her også om onsdagen
You do this everyday?
Gør du dette hver dag?
You need to walk around the school.
Du skal gå rundt på skolen.

*"Against" as in to (against the wall) is *imod* while "against" as in versus is *mod*.

*"Everything" is *alting*, "anything" is *noget*, "nothing" is *ingenting*.

Dig is the indirect object pronoun of the pronoun "you," the person who is actually affected by the action that is being carried out.

I have – Jeg har
Just - Lige / netop/kun
Don't - Ikke
Friend - En ven
To borrow – At låne
To look like – At se ud som
To look like – At ligne
Grandfather – En bedstefar
To want – At ville have
To stay – At blive
To continue – At fortsætte
Way - En vej
Way - En retning
That's why - Derfor
To show – At vise
To prepare - At forberede
I am not going – Jeg tager ikke med
To speak – At tale
To talk - At snakke
Perfect - Perfekt
Correct - korrekt
Incorrect - forkert

Do you want to look like Arnold?
Vil du ligne Arnold?
I want to borrow this book for my grandfather.
Jeg vil låne denne bog til min bedstefar.
I want to stay in Copenhagen because I have a friend there.
Jeg vil blive i København, fordi jeg har en ven der.
I don't want to see anyone here.
Jeg vil ikke se nogen her.
I need to show you how to prepare breakfast.
Jeg skal vise dig, hvordan man laver morgenmad.
Why don't you have the book?
Hvorfor har du ikke en bog?
That is incorrect, I don't need the car today.
Det er forkert, jeg ikke har brug for bilen i dag.
I want to learn how to speak perfect Danish.
Jeg vil gerne lære at tale perfekt dansk.

To remember – At huske
To speak – At tale
To talk - At snakke
Danish – Dansk
Number - Nummer
Hour - En time
Dark – Mørk
Darkness - Et mørke
About – Om
Grandmother – En bedstemor
Five - Fem
Minute - Et minut
Minutes – Minutter
More - Mere
To think - At tænke
To do – At gøre
To come – At komme
To hear – At høre
Last – Sidste
Sorry - Undskyld
Sorry - Jeg er ked af det
Quickly - Hurtigt

I am sorry.
Det er jeg ked af.
I need to remember your number
Jeg er nødt til at huske dit nummer
This is the last hour of darkness
Dette er den sidste time af mørket
I can hear my grandmother speaking Danish.
Jeg kan høre min bedstemor tale dansk.
I need to think about this more.
Jeg er nødt til at tænke mere over det her.
From here to there, it's only five minutes
Herfra og dertil tager det kun fem minutter
Come here quickly.
Kom her hurtigt.

*This *isn't* a phrase book! The purpose of this book is *solely* to provide you with the tools to create *your own* sentences!

Again – Igen
Denmark - Danmark
To bring - At bringe
To try – At prøve
To rent – At leje
Without her – Uden hende
We are – Vi er
To turn off - At slukke
To ask – At spørge
To stop – At stoppe
Permission - Tilladelse
To call – At ringe
Brother - En bror
Dad - En far
Goodbye – Farvel

Goodbye my friend.
Farvel min ven.
I want to call my brother and my dad today.
Jeg vil ringe til min bror og min far i dag.
He must go and rent a house at the beach.
Han skal ud og leje et hus ved stranden.
We are here for a long time.
Vi skal være her i lang tid.
I need to turn off the lights early tonight.
Jeg er nødt til at slukke lyset tidligt i aften.
We want to stop here.
Vi vil stoppe her.
We are from Aarhus.
Vi er fra Aarhus.
Your doctor is in the same building.
Din læge er i samme bygning.
In order to leave you have to ask permission.
For at komme afsted skal du bede om tilladelse.
Our house is on the mountain.
Vores hus ligger på bjerget.

*In Danish *til, at, for at* means "to".

- *At bede om* / "to ask for"

- *En tilladelse til **at** forlade* / "a permission **to** leave"

To open – At åbne
To buy – At købe
To pay – At betale
Last – Sidste
Without - Uden
Sister - En søster
To hope – At hoppe
To live – At leve
To live – At bo
Nice to meet you – Rart at møde dig
Name - Et navn
Last name - Et efternavn
To return - At vende tilbage
Enough - Nok
Door - En dør
Different – Forskellig
Man - En mand
Woman - En kvinde

I need to open the door for my sister
Jeg er nødt til at åbne døren for min søster
I need to buy something
Jeg skal købe noget
I want to meet your brothers.
Jeg vil gerne møde dine brødre.
Nice to meet you, what is your name and your last name?
Rart at møde dig, hvad er dit navn og efternavn?
We can hope for a better future.
Vi kan håbe på en bedre fremtid.
It is impossible to live without problems.
Det er umuligt at leve uden problemer.
I want to return to the United States.
Jeg vil tilbage til USA.
Why are you sad right now?
Hvorfor er du ked af det nu?
He is a different man now.
Han er en anden mand nu.

*"To hope for" is different from "to hope". "To hope" is *at håbe*. "To hope for" is *at håbe på*.

To happen – At ske
To order – At bestille
To drink – At drikke
Excuse me – Undskyld mig
Child - Et barn
To begin - At begynde
To start - At starte
To finish – At færdiggøre
To help – At hjælpe
To smoke – At ryge
To love – At elske
To allow - At give lov til

I need to allow him to go with us.
Jeg er nødt til at give ham lov til at tage med os.
This needs to happen today.
Det skal ske i dag.
Excuse me, my child is here as well.
Undskyld, mit barn er her også.
I want to order a soup.
Jeg vil bestille en suppe.
We want to start the class soon.
Vi vil gerne starte klassen snart.
In order to finish at three o'clock this afternoon, I need to finish soon.
For at blive færdig klokken tre i eftermiddag, skal jeg snart være færdig
I don't want to smoke again
Jeg vil ikke ryge igen
I love you
Jeg elsker dig
I see you
Jeg ser dig
I need you
Jeg har brug for dig
I want to help
Jeg vil gerne hjælpe

*"I don't want" is *jeg vil ikke*.

**Dig* is the direct object pronoun of the pronoun "you."

To read – At læse
To write – At skrive
To teach – At lære
To teach – At undervise
To close – At lukke
To turn on - At slukke
To prefer - At foretrække
To choose - At vælge
To put - At putte
To put - At sætte
To put - At lægge
Less - Mindre
Sun - En søn
I talk – Jeg taler
Exact – Præcis
To sleep – At sove

I need this book to learn how to read and write in Danish
Jeg har brug for denne bog for at lære at læse og skrive på dansk
I want to teach English in Denmark
Jeg vil gerne undervise i engelsk i Danmark
I want turn on the lights and close the door.
Jeg vil tænde lyset og lukke døren.
I want to pay less than you.
Jeg vil gerne betale mindre end dig.
I prefer to put this here.
Jeg foretrækker at sætte dette her.
I speak with the boy and the girl in German
Jeg taler med drengen og pigen på tysk
There is sun outside today.
Der er sol udenfor i dag.
Is it possible to know the exact date?
Er det muligt at kende den præcise dato?
I must go to sleep
Jeg skal gå i seng

*"Date" (time) is *dato*. However "to go on a date" is at *gå på en date*.

*With the knowledge you've gained so far, now try to create your own sentences!

To sit – At sidde
To change – At forandre
To change – At skifte
To exchange – At veksle
To exchange – At udveksle
To exchange – At bytte
Together - Sammen
Of course – Naturligvis
Of course – selvfølgelig
Welcome - Velkommen
During - I løbet af
During - Under
Years - Årene
Sky - En himmel
Up - Op
Down - Ned
To follow – At følge
Her – Hendes
Big - Stor
New - Ny
Never – Aldrig
His - Hans
Hers – Hendes

I am never able to exchange this money at the bank.
Jeg kan aldrig veksle disse penge i banken.
Of course I can come to the theater, and I want to sit together with you and with your sister
Selvfølgelig kan jeg komme til teatret, og jeg vil sidde sammen med dig og med din søster
If you look under the table, you can see the new rug.
Kigger man under bordet, kan man se det nye tæppe.
The dog wants to follow me to the store.
Hunden vil følge mig til butikken.
I can see the sky from the window
Jeg kan se himlen fra vinduet
The dog wants to follow me to the store.
Hunden vil følge mig til butikken.

To believe – At tro
Morning - En morgen
Except - Undtagen
Except - Medmindre
To promise – At love
Good night - God nat
To recognize – At genkende
To recognize – At anerkende
People - Mennesker
To move – At flytte
To move – At bevæge sig
Far - Langt
Far - Fjern
To enter – At gå ind
To receive – At få
To receive – At modtage
Throughout – Hele vejen igennem
Throughout – Helt igennem
Tonight - I aften
Tonight - I nat
Through - Igennem
Him - Ham
His – Hans
Although - Selvom

I believe everything except for this
Jeg tror på alt undtagen det
I can't recognize him.
Jeg kan ikke genkende ham.
I need to put your cat on another chair
Jeg er nødt til at sætte din kat på en anden stol
I see the sun in the morning from the kitchen
Jeg ser solen om morgenen fra køkkenet
I want his car.
Jeg vil have hans bil
I go into the house from the front entrance and not through the yard.
Jeg går ind i huset fra hovedindgangen og ikke gennem gården.

To wish – At ønske
Bad - Dårlig
To get – At få
To forget – At glemme
Anybody - Enhver
Everyone - Alle
All of them - Alle sammen
To feel – At føle
Great - Stor
Great - Dejlig
Next - Næste
To like – At kunne lide
In front - Foran
Person - En person
Behind - Bagefter
Behind - Bag
Well - Vel
Well - Godt
Restaurant - En restaurant
Bathroom - Et toilet

I don't want to wish anything bad
Jeg vil ikke ønske noget dårligt
I must forget everybody from my past.
Jeg må glemme alle fra min fortid.
To feel well I must take vitamins
Jeg må tage vitaminer for at have det godt
There is a great person in front of me
Der er en dejlig person foran mig
Which is the best restaurant in the area?
Hvilken er den bedste restaurant i området?
I can feel the heat.
Jeg kan mærke varmen.
I need to repair a part of the cabinet of the bathroom.
Jeg skal reparere en del af skabet på badeværelset.
I want a car before the next year
Jeg vil have en bil inden næste år
I like the house, but it is very small.
Jeg kan godt lide huset, men det er meget lille.

To remove – At fjerne
Please - Vær så venlig
Beautiful - Smuk
To lift - At løfte
Include - At indeholde
Including - Inklusive
Belong – At tilhøre
To hold – At holde
To check - At tjekke
Small - Lille
Real - Ægte
Week - En uge
Size – En størrelse
Even though – Selvom
Doesn't - Ikke
So - Så
Price - En pris

She wants to remove this door, please
Hun vil fjerne denne dør, tak
This doesn't belong here, I need to check again
Dette tilhører ikke her, jeg er nødt til at tjekke igen
This week the weather was very beautiful
Denne uge var vejret meget smukt
Is that a real diamond?
Er det en rigtig diamant?
Kan du venligst holde min hånd?
We need to check the size of the house
Vi skal kontrollere husets størrelse
I want to lift this.
Jeg vil løfte dette.
The sun is high in the sky.
Solen står højt på himlen.
Can you please put the wood in the fire?
Kan du venligst lægge træet i ilden?
Can you please hold my hand?
Kan du venligst holde min hånd?
I can pay this although the price is expensive
Jeg kan betale for det, selvom prisen er dyr.

Building Bridges

In Building Bridges, we take six conjugated verbs that have been selected after studies I have conducted for several months in order to determine which verbs are most commonly conjugated, and which are then automatically followed by an infinitive verb. For example, once you know how to say, "I need," "I want," "I can," and "I like," you will be able to connect words and say almost anything you want more correctly and understandably. The following three pages contain these six conjugated verbs in first, second, third, fourth, and fifth person, as well as some sample sentences. Please master the entire program up until here prior to venturing onto this section.

I want – Jeg vil
I need – Jeg har brug for
I need – Jeg mangler
I need – Jeg er nødt til
I can – Jeg kan
I like – Jeg kan godt lide
I go – Jeg går
I have – Jeg har
I must – Jeg skal
I must – Jeg må

I want to go to my apartment.
Jeg vil gerne hen til min lejlighed.

I can go with you to the bus station.
Jeg kan tage med dig til busstationen.

I need to leave the museum.
Jeg skal forlade museet.

I like to eat oranges.
Jeg kan godt lide at spise appelsiner.

I am going to teach a class.
Jeg skal undervise i en klasse.

I have to speak to my teacher.
Jeg skal snakke med min lærer.

Please master *every* single page up until here prior to attempting the following pages!

You want / do you want?
Du vil / vil du?
He wants / does he want?
Han vil / vil han?
She wants / does she want?
Hun vil / vil hun?
We want / do we want?
Vi vil / vil vi?
They want / do they want?
De vil / vil de?
(Plural) You want/ do you want?
I vil / vil I?

You need / do you need?
Du har brug for… / har du brug for…?
He needs / does he need?
Han har brug for… / har han brug for…?
She needs / does she need?
Hun har brug for… / har hun brug for…?
We want / do we want?
Vi vil/ vil vi?
They need / do they need?
De har brug for… / har de brug for…?
(Plural) You need / do you need?
I har brug for… / har I brug for…?

You can / can you?
Du kan / Kan du?
He can / can he?
Han kan / kan han?
She can / can she?
Hun kan / kan hun?
We can / can we?
Vi kan/ kan vi?
They can / can they?
De kan/ kan de?
(Plural) You can / can you?
I kan / kan I?

You like / do you like?
Du kan godt lide / kan du godt lide?
He likes / does he like?
Han kan godt lide / kan han godt lide?
She like / does she like?
Hun kan godt lide / kan hun godt lide?
We like / do we like?
Vi kan godt lide/ kan vi godt lide?
They like / do they like?
De kan godt lide / kan de godt lide?
(Plural) You like / do you like?
I kan godt lide / kan I godt lide?

You go / do you go?
Du går / går du?
He goes / does he go?
Han går / går han?
She goes / does she go?
Hun går / går hun?
We go / do we go?
Vi går / går vi?
They go / do they go?
De går / går de?
(Plural) You go / do you go?
Du går / går du?

You have / do you have?
Du har / har du
He has / does he have?
Han har / har han?
She has / does she have?
Hun har / har hun?
We have / do we have?
Vi har/ har vi?
They have / do they have?
De har / har de?
(Plural) You have / do you have?
I har / har I?

Do you want to go?
Vil du gerne gå?

Does he want to fly?
Vil han gerne flyve?

We want to swim
Vi vil gerne svømme

Do they want to run?
Vil de gerne løbe?

Do you need to clean?
Er du nødt til at gøre rent?

She needs to sing a song
Hun har brug for at synge en sang

We need to travel
Vi er nødt til at rejse

They don't need to fight
De behøver ikke at kæmpe

You (plural) need to save your money.
I skal spare på jeres penge.

Can you hear me?
Kan du høre mig?

He can dance very well
Han kan danse meget godt

The fireman can break the door during an emergency.
Brandmanden kan bryde døren op under en nødsituation.

They can break the wood
De kan knække træet

Do you like to eat here?
Kan du lide at spise her?

He likes to spend time here
Han kan lide at bruge tid her

We like to fix the house
Vi kan godt lide at reparere huset

They like to cook
De elsker at lave mad

You (plural) like to play soccer.
I kan lide at spille fodbold.

Do you go to the movies on weekends?
Går du i biografen i weekenden?

He goes fishing
Han tager på fisketur

We are going to relax
Vi skal slappe af

They go out to eat at a restaurant everyday.
De går ud og spiser på en restaurant hver dag.

Do you have money?
Har du penge?

She must look outside
Hun er nødt til at kigge udenfor

We have to sign our names
Vi skal underskrive vores navne

They have to send the letter
De skal sende brevet

You (plural) have to stand in line.
I skal stå i kø.

Other Useful Tools in the Danish Language

Days of the Week - Ugens dage
Sunday - Søndag
Monday - Mandag
Tuesday - Tirsdag
Wednesday - Onsdag
Thursday - Torsdag
Friday - Fredag
Saturday - Lørdag

Months of the year - Årets måneder
January - Januar
February - Februar
March - Marts
April - April
May - Maj
June - Juni
July - Juli
August - August
September - September
October - Oktober
November - November
December - December

Seasons - Årstider
Spring – Forår
Summer - Sommer
Autumn - Efterår
Winter - Vinter

Colors - Farver
Black - Sort
White - Hvid
Gray - Grå
Red - Rød
Blue - Blå
Yellow - Gul
Green - Grøn
Orange - Orange
Purple - Lilla
Brown - Brun

Cardinal Directions
North - Nord
South - Syd
East - Øst
West –Vest

Numbers - Tal
One – En
Two – To
Three – Tre
Four – Fire
Five – Fem
Six – Seks
Seven – Syv
Eight – Otte
Nine – Ni
Ten – Ti
Eleven – Elleve
Twelve – Tolv
Thirteen – Tretten
Fourteen – Fjorten
Fifteen – Femten
Sixteen – Seksten
Seventeen – Sytten
Eighteen – Atten
Nineteen – Nitten
Twenty – Tyve
Thirty – Tredive
Forty – Fyrre
Fifty – Halvtreds
Sixty – Tres
Seventy – Halvfjerds
Eighty – Firs
Ninety – Halvfems
Hundred – Hundred
Thousand – Tusind
Million – Million
Billion – Milliard

Conclusion

Congratulations! You have completed all the tools needed to master the Danish language, and I hope that this has been a valuable learning experience. Now you have sufficient communication skills to be confident enough to embark on a visit to Denmark, impress your friends, and boost your resume so *good luck*.

This program is available in other languages as well, and it is my fervent hope that my language learning programs will be used for good, enabling people from all corners of the globe and from all cultures and religions to be able to communicate harmoniously. After memorizing the required three hundred and fifty words, please perform a daily five-minute exercise by creating sentences in your head using these words. This simple exercise will help you grasp conversational communications even more effectively. Also, once you memorize the vocabulary on each page, follow it by using a notecard to cover the words you have just memorized and test yourself and follow *that* by going back and using this same notecard technique on the pages you studied during the previous days. This repetition technique will assist you in mastering these words in order to provide you with the tools to create your own sentences.

Every day, use this notecard technique on the words that you have just studied.

Everything in life has a catch. The catch here is just consistency. If you just open the book, and after the first few pages of studying the program, you put it down, then you will not gain anything. However, if you consistently dedicate a half hour daily to studying, as well as reviewing what you have learned from previous days, then you will quickly realize why this method is the most effective technique ever created to become conversational in a foreign language. My technique works! For anyone who doubts this technique, all I can say is that it has worked for me and hundreds of others.

Conversational Danish Quick and Easy
The Most Innovative Technique to Learn the Danish Language

Part II

YATIR NITZANY

Introduction to the Program

In the first book, you were taught the 350 most useful words in the Danish language, which, once memorized, could be combined in order for you to create your own sentences. Now, with the knowledge you have gained, you can use those words in Conversational Danish Quick and Easy Part 2 and Part 3, in order to supplement the 350 words that you've already memorized. This combination of words and sentences will help you master the language to even greater proficiency and quicker than with other courses.

The books that comprise Parts 2 and 3 have progressed from just vocabulary and are now split into various categories that are useful in our everyday lives. These categories range from travel to food to school and work, and other similarly broad subjects. In contrast to various other methods, the topics that are covered also contain parts of vocabulary that are not often broached, such as the military, politics, and religion. With these more unusual topics for learning conversational languages, the student can learn quicker and easier. This method is flawless and it has proven itself time and time again.

If you decide to travel to Denmark, then this book will help you speak the Danish language.

This method has worked for me and thousands of others. It surpasses any other language-learning method system currently on the market today.

This book, Part 2, specifically deals with practical aspects concerning travel, camping, transportation, city living, entertainment such as films, food including vegetables and fruit, shopping, family including grandparents, in-laws, and stepchildren, human anatomy, health, emergencies, and natural disasters, and home situations.

The sentences within each category can help you get by in other countries.

In relation to travel, for example, you are given sentences about food, airport necessities such as immigration, and passports. Helpful phrases include, "Where is the immigration and passport control inside the airport?" and "I want to order a bowl of cereal and toast with jelly." For flights there are informative combinations such as, "There is a long line of passengers in the terminal because of the delay on the runway." When arriving in another country options for what to say include, "We want to hire a driver for the tour. However, we want to pay with a credit card instead of cash" and, "On which street is the car-rental agency?

When discussing entertainment in another country and in a new language, you are provided with sentences and vocabulary that will help you interact with others. You can discuss art galleries and watching foreign films. For example, you may need to say to friends, "I need subtitles if I watch a foreign film" and, 'The mystery-suspense genre films are usually good movies'. You can talk about your own filming experience in front of the camera.

The selection of topics in this book is much wider than in ordinary courses. By including social issue such as incarceration, it will help you to engage with more people who speak the language you are learning.

Part 3 will deal with vocabulary and sentences relevant to indoor matters such as school and the office, but also a variety of professions and sports.

TRAVEL - REJSE

Flight - Flyvning
Airplane - Flyvemaskine
Airport – Lufthavn
Terminal - Terminal
Passport - Pas/ **Customs** - Told
Take off (airplane) – At lette/ **Landing** - Landing
Departure - Afgang/ **Arrival** – Ankomst
Gate - Gate / afgangsgate
Luggage - Bagaje/ **Suitcase** - Kuffert
Baggage claim - Bagageudlevering
Passenger – Pasager
Final Destination – Slutdestination
Boarding - Boarding
Wing - Vinge
Runway - Landingsbane
Line - Linie /**Delay** - Forsinkelse

I enjoy traveling.
Jeg nyder at rejse.
This is a very expensive flight.
Dette er en meget dyr flyrejse.
The airplane takes off in the morning and lands at night.
Flyet letter om morgenen, og lander om natten.
My suitcase is at the baggage claim.
Min kuffert er ved bagageudleveringen.
We need to go to the departure gate instead of the arrival gate.
Vi skal gå til afgangsgaten i stedet for ankomstgaten.
There is a long line of passengers in the terminal because of the delay on the runway.
Der er en lang kø af passagerer i terminalen på grund af forsinkelsen på landingsbanen.
What is your final destination?
Hvad er din endelige destination?
I don't like to sit above the wing of the airplane.
Jeg kan ikke lide at sidde over vingen på flyvemaskinen.
The flight takes off at 3pm, but the boarding commences at 2:20pm.
Flyet letter kl. 15.00, men boardingen begynder kl. 14.20.
Where is the passport control inside the airport?
Hvor er paskontrollen inde i lufthavnen?
I am almost finished at customs.
Jeg er næsten færdig i tolden.

International flight – Udenrigsflyvning
Domestic flight – Indenrigsflyvning
Business class – Business class
First class – Første klasse / **Economy class** – Økonomiklasse
Round trip - Rundrejse / **Direct flight** - Direkte flyvning
One-way flight - Enkeltflyvning/ **Return flight** - Returflyvning
Flight attendant - Stewardesse / (m) Steward
Layover - Ophold/ **Connection** - forbindelse
Reservation - Reservation
Security check – Sikkerhedstjek
Checked bags - Indtjekket kuffert / **Carry on bag** - Bæretaske
Business trip - Forretningsrejse
Check in counter – Check-in skranke
Travel agency - Rejsebureau
Visa - Visum
Temporary visa – Midlertidigt visum / **Permanent visa** – Permanent visum

The flight attendant told me to go to the check in counter.
Stewardessen/Stewarden bad mig gå til check-in skranken.
For international flights, you must be at the airport at least three hours before the flight.
Ved internationale flyvninger skal du være i lufthavnen mindst tre timer før flyvningen.
For a domestic flight, I need to arrive at the airport at least two hours before the flight.
For en indenrigsflyvning skal jeg ankomme til lufthavnen mindst to timer før flyrejsen.
Business class is usually cheaper than first class.
Business class er normalt billigere end første klasse.
A one-way ticket is cheaper than the round-trip ticket at the travel agency.
En enkeltbillet er billigere end returbilletten hos rejsebureauet.
I prefer a direct flight without a layover.
Jeg foretrækker et direkte fly uden mellemlanding.
I must reserve my return flight.
Jeg skal reservere mit returfly.
Why do I need to remove my shoes at the security check?
Hvorfor skal jeg tage mine sko af ved sikkerhedstjekket?
I have three checked bags and one carry-on.
Jeg har tre indtjekkede kufferter og en håndbagage.
I have to ask my travel agent if this country requires a visa.
Jeg skal spørge mit rejsebureau, om dette land kræver visum.

Trip – Tur
Tourist - Turist/ **Tourism** - Turisme
Holiday - Ferie
Vacations - Ferier
Currency exchange - Valutaveksling
Port of entry - Indgangshavn
Car rental agency - Biludlejningsbureau
Identification - Identifikation
GPS - GPS
Road - Vej/ **Map** - Kort
Information center - Informationscenter
Bank - Bank
Hotel – Hotel / **Motel** - Motel / **Hostel** - Vandrerhjem
Leisure - Fritid
Driver – Chauffør
Credit - Kredit / **Cash** - Kontant
A guide - En guide/ **Tour** - Rundvisning
Ski resort - Skisportssted

I had an amazing trip.
Jeg havde en fantastisk tur.
The currency exchange counter is past the port of entry.
Valutavekslingsskranken er forbi indsejlingshavnen.
There is a lot of tourism during the holidays and vacations.
Der er meget turisme i ferier og ferier.
Where is the car-rental agency?
Hvor er biludlejningsfirmaet?
You need to show your identification.
Du skal vise din legitimation.
It's more convenient to use the GPS on the roads instead of a map.
Det er mere bekvemt at bruge GPS'en på vejene i stedet for et kort.
Why is the information center closed today?
Hvorfor er informationscentret lukket i dag?
When I am in a foreign country, I go to the bank before I go to the hotel.
Når jeg er i et fremmed land, går jeg i banken, før jeg tager på hotellet.
I need to book my leisure vacation at the ski resort today.
Jeg skal bestille min ferie på skisportsstedet i dag.
We want to hire a driver for the tour.
Vi ønsker at hyre en chauffør til turen.
We want to pay with a credit card instead of cash.
Vi ønsker at betale med kreditkort i stedet for kontanter.
Does the tour include an English-speaking guide?
Inkluderer turen en engelsktalende guide?

TRANSPORTATION - TRANSPORT

Car - Bil
Bus - Bus
Train - Tog/ **Train station** - Togstation
Train tracks - Togskinner/ **Train cart** - Togvogn
Taxi - Taxa
Subway - Meto
Motorcycle - Motorcykel/ **Scooter** - Scooter
Station - Station
Helicopter - Helikopter
School bus – Skolebus
Limousine - Limousine
Driver license - Kørekort
Vehicle registration - Registreringsattest
License plate - Nummerplade
Ticket - Billet
Ticket (penalty) - Bøde

Where is the public transportation?
Hvor er den offentlige transport?
Where can I buy a bus ticket?
Hvor kan jeg købe en busbillet?
Please call a taxi.
Ring venligst til en taxa.
In some cities, you don't need a car because you can rely on the subway.
I nogle byer har du ikke brug for en bil, fordi du kan stole på metroen.
Where is the train station?
Hvor er togstationen?
The train cart is still stuck on the tracks.
Togvognen sidder stadig fast på skinnerne.
The motorcycles make loud noises.
Motorcyklerne laver høje lyde.
Where can I rent a scooter?
Hvor kan jeg leje en scooter?
I want to plan a helicopter tour.
Jeg vil planlægge en helikoptertur.
I want to go to the party in a limousine.
Jeg vil til festen i en limousine.
Don't forget to bring your driver's license and registration.
Glem ikke at medbringe dit kørekort og registrering.
The cop gave me a ticket because my license plate has expired.
Politiet gav mig en bøde, fordi min nummerplade er udløbet.

Truck – Lastbil/ **Pickup truck** - Pickup
Bicycle – Cykel
Van - Varevogn
Gas station – Tankstation
Gasoline - Benzin
Tire - Dæk
Oil change – Olieskift
Tire change – Dækskift
Mechanic – Mekaniker
Canoe - Kano
Ship - Skib/ **Boat** – Båd
Yacht - Yacht
Sailboat - Sejlbåd
Motorboat - Motorbåd
Marina - Marina / **The dock** - Kajen
Cruise - Krydstogt/ **Cruise ship** - Krydstogtsskib
Ferry - Færge
Submarine - Ubåd

I can put my bicycle in my truck.
Jeg kan sætte min cykel i min lastbil.
Where is the gas station?
Hvor er tankstationen?
I need gasoline and also to put air in my tires.
Jeg har brug for benzin og også for at få luft i mine dæk.
I need to take my car to the mechanic for a tire and oil change.
Jeg er nødt til at tage min bil til mekanikeren til dæk- og olieskift.
I can put my canoe in the van.
Jeg kan sætte min kano i varevognen.
Can I bring my yacht to the boat show at the marina?
Kan jeg tage min yacht med til bådmessen i marinaen?
I prefer a motorboat instead of a sailboat.
Jeg foretrækker en motorbåd i stedet for en sejlbåd.
I want to leave my boat at the dock on the island.
Jeg vil efterlade min båd ved kajen på øen.
This spot is a popular stopping point for the cruise ship.
Dette sted er et populært stoppested for krydstogtskibet.
This was an excellent cruise.
Dette var et fremragende krydstogt.
Do you have the schedule for the ferry?
Har du tidsplanen for færgen?
The submarine is yellow.
Ubåden er gul.

CITY - BY

Town - By/ **Village** - Landsby
House - Hus/ **home** – hjem
Apartment - Lejlighed
Building - Bygning
Skyscraper – Skyskraber
Tower - Tårn
Neighborhood – Kvarter
Office building – Kontorbygning
Post office – Postkontor
Location - Beliggenhed
Elevator – Elevator/ **Stairs** - Trapper
Fence - Hegn
Construction site – Byggeplads
Bridge - Bro
Gate - Port
City hall – Rådhus/ **Mayor** - Borgmester
Fire department – Brandvæsen

Is this a city or a village?
Er dette en by eller en landsby?
Does he live in a house or an apartment?
Bor han i et hus eller en lejlighed?
This residential building does not have an elevator, just stairs.
Denne boligbygning har ikke en elevator, kun trapper.
These skyscrapers are located in the center city.
Disse skyskrabere er placeret i centrum af byen.
The tower is tall but the building beside it is very short.
Tårnet er højt, men bygningen ved siden af er meget lav.
This is a beautiful neighborhood.
Dette er et smukt kvarter.
There is a fence around the construction site.
Der er hegn omkring byggepladsen.
The post office is located in that office building.
Posthuset ligger i den kontorbygning.
The bridge is closed today.
Broen er lukket i dag.
The gate is open.
Porten er åben.
The fire department is located in the building next to city hall.
Brandvæsenet holder til i bygningen ved siden af rådhuset.
The mayor of Copenhagen is very well known.
Copenhagen borgmester er meget kendt.

Street - Gade/ **Main street** - Hovedgade
To park - At parkere / **Parking lot** - Parkeringsplads
Sidewalk - Fortov
Traffic - Trafik / **Traffic light** - Trafiklys
Red light – Rødt lys/ **Yellow light** - Gult lys / **Green light** – Grønt lys
Lane - Bane
Toll lane - Betalingsvej
Fast lane – Hurtig bane / **Slow lane** – Langsom bane
Right lane – Højre bane/ **Left lane** – Venstre bane
Highway – Motorvej/ **Intersection** - Kryds/ **Tunnel** – Tunnel
U-turn - U-vending / **Shortcut** - Genvej/ **Bypass** - Omkørsel
Stop sign - Stopskilt/
Pedestrians - Fodgængere/ **Crosswalk** - Fodgængerovergang

The parking is on the main street and not on the sidewalk.
Parkeringen er på hovedgaden og ikke på fortovet.
Where is the parking lot?
Hvor er parkeringspladsen?
The traffic is very bad today.
Trafikken er meget slem i dag.
You must avoid the fast lane because it's a toll lane.
Du skal undgå den hurtige bane, fordi det er en betalingsbane.
We don't like to drive on the highway.
Vi kan ikke lide at køre på motorvejen.
At a red light you need to stop, at a yellow light you must be prepared to stop and at a green you can drive.
Ved rødt lys skal du stoppe, ved gult lys skal du være forberedt på at stoppe og ved grønt kan du køre.
This road has too many traffic lights.
Denne vej har for mange lyskryds.
At the intersection, we need to stay in the left lane instead of the right lane because that's a bus lane.
I krydset skal vi holde os i venstre spor i stedet for højre spor, fordi det er en busbane.
The tunnel seems longer than yesterday.
Tunnelen virker længere end i går.
It's a short drive.
Det er en kort køretur.
The next bus stop is far away from here.
Det næste busstoppested er langt væk herfra.
You need to turn right at the stop sign and then continue on straight.
Du skal dreje til højre ved stopskiltet og derefter fortsætte ligeud.
The pedestrians use the crosswalk to cross the road.
Fodgængerne bruger fodgængerovergangen til at krydse vejen.

Capital – Hovedstad
Resort - Resort
Port - Havn
Road - Vej/ **Trail, path** – Sti
Bus station - Busstation/ **Bus stop** – Busstoppested
Night club – Natklub
Downtown – Centrum
District - Distrikt/ **County** - Amt
Statue - Statue/ **Monument** - Monument
Castle – Slot
Church - Kirke/ **Cathedral** - Katedral
Synagogue - Synagoge/ **Mosque** - Moske
Science museum – Videnskabsmuseum/ **Zoo** – Zoo
Playground – Legeplads
Swimming pool – Swimmingpool
Jail / Prison - Arrest / fængsel

The capital is a major attraction point for tourists.
Hovedstaden er et stort attraktionspunkt for turister.
The resort is next to the port.
Resortet ligger ved siden af havnen.
The night club is located in the downtown area.
Natklubben ligger i centrum.
In which district do you live in?
I hvilket distrikt bor du i?
This statue is a city monument.
Denne statue er et bymonument.
This is an ancient castle.
Dette er et gammelt slot.
Where is the local church?
Hvor er den lokale kirke?
That is a beautiful cathedral.
Det er en smuk katedral.
Do you want to go to the zoo or the science museum?
Vil du i zoologisk have eller på videnskabsmuseet?
The children are in the playground.
Børnene er på legepladsen.
The swimming pool is closed for the community today.
Svømmehallen er lukket for samfundet i dag.
You need to follow the trail alongside the main street to reach the bus station.
Du skal følge stien langs hovedgaden for at nå busstationen.
There is a jail in this county, but not a prison.
Der er en arrest i dette amt, men ikke et fængsel.

ENTERTAINMENT - UNDERHOLDNING

Film / movie - Film
Theater (movie theater) - Teater
Actor - Skuespiller/ **Actress** - Skuespillerinde
Genre – Genre
Subtitles – Undertekster
Action film - Actionfilm
Foreign film - Udenlandsk film
Mystery film – Mysteriefilm/ **Suspense film** – Spændingsfilm
Documentary film - Dokumentarfilm
Biography - Biografi
Drama film - Dramafilm
Comedy film - Komediefilm
Romance film - Romantisk film
Horror film - Gyserfilm
Animation film - Animationsfilm/ **Cartoon** – Tegnefilm
Director – Instruktør / **Producer** - Producent
Audience – Publikum

There are three new movies at the theater that I want to see.
Der er tre nye film i biografen, som jeg gerne vil se.
He is a really good actor.
Han er en rigtig god skuespiller.
She is an excellent actress.
Hun er en fremragende skuespillerinde.
That was a good action movie.
Det var en god actionfilm.
We need subtitles if we watch a foreign film.
Vi har brug for undertekster, hvis vi ser en udenlandsk film.
Mystery or suspense films are usually good movies.
Mysterie- eller spændingsfilm er normalt gode film.
I like documentary films. However, comedy-drama or romance films are better.
Jeg kan godt lide dokumentarfilm. Komedie-drama- eller romantikfilm er dog bedre.
Sometimes biographies are boring to watch.
Nogle gange er biografier kedelige at se.
I like to watch horror movies.
Jeg kan godt lide at se gyserfilm.
It's fun to watch animated movies.
Det er sjovt at se animationsfilm.
The director and the producer can meet the audience today.
Instruktøren og produceren kan møde publikum i dag.

Entertainment - Underholdning
Television - Fjernsyn
A show (as in television) - Tv-program
A show (as in live performance) - En forestilling
Channel – Kanal
Series (in television) - Serie
Commercial - Reklame
Episode - Episode
Anchorman - Nyhedsvært
Anchorwoman - Nyhedsværtinde
News - Nyheder
News station – Nyhedsstation
Screening - Vorführung
Live broadcast - Transmisiune live
Broadcast - Udsendelse
Headline - Overskrift
Viewer – Seer
Speech – Tale
Script - Manuskript
Screen - Skærm
Camera - Kamera

It's time to buy a new television.
Det er tid til at købe et nyt fjernsyn.
This was the first episode of this television show yet it was a long series.
Dette var det første afsnit af dette tv-program, men det var en lang serie.
There aren't any commercials on this channel.
Der er ingen reklamer på denne kanal.
This anchorman and anchorwoman work for our local news station.
Denne nyhedsvært arbejder for vores lokale nyhedsstation.
They decided to screen a live broadcast on the news.
De besluttede at vise en live-udsendelse på nyhederne.
The news station featured the headlines before the program began.
Nyhedsstationen havde overskrifterne inden programmet begyndte.
Tonight, all the details about the incident were mentioned on the news.
I aften blev alle detaljer om hændelsen nævnt i nyhederne.
The viewers wanted to hear the presidential speech today.
Seerne ønskede at høre præsidentens tale i dag.
I must read my script in front of the screen and the camera
Jeg skal læse mit manuskript foran skærmen og kameraet
We want to enjoy the entertainment this evening.
Vi vil gerne nyde underholdningen denne aften.

Theater (play) – Teater
A musical - En musical
A play - Et skuespil
Stage – Scene/ **Audition** - Audition
Performance – Forestilling
Box office - Billetkontor
Ticket – Billet
Singer – (m) Sanger, (f) Sangerinde / **Band** – Band
Orchestra - Orkester / **Opera** - Opera
Music - Musik / **Song** - Sang
Musical instrument – Musikinstrument
Drum - Tromme
Guitar - Guitar
Piano - Klaver
Trumpet – Trompet
Violin – Violin
Flute - Fløjte
Art - Kunst
Gallery - Galleri
Studio - Studie
Museum – Musæum

It was a great musical performance.
Det var en fantastisk musikalsk optræden.
Can I perform for the play on this stage?
Kan jeg optræde til stykket på denne scene?
She is the lead singer of the band.
Hun er forsanger i bandet.
I will go to the box office tomorrow to purchase tickets for the opera.
Jeg vil gå til billetkontoret i morgen for at købe billetter til operaen.
The orchestra needs to perform below the stage.
Orkestret skal optræde under scenen.
I like to listen to this type of music. I hope to hear a good song.
Jeg kan godt lide at lytte til denne type musik. Jeg håber at høre en god sang.
The common musical instruments that are used in a concert are drums, guitars, pianos, trumpets, violins, and flutes.
De almindelige musikinstrumenter, der bruges i en koncert, er trommer, guitarer, klaverer, trompeter, violiner og fløjter.
The art gallery has a studio for rent.
Kunstgalleriet har et atelier til leje.
I went to an art museum yesterday.
Jeg var på kunstmuseum i går.

FOOD - MAD

Grocery store - Købmand/ **Market** - Marked/ **Supermarket** - Supermarked
Groceries - Dagligvarer
Butcher shop - Slagterbutik/ **Butcher** - Slagter
Bakery - Bageri/ **Baker** - Bager
Breakfast – Morgenmad/ **Lunch** – Frokost/ **Dinner** – Aftensmad
Meat - Kød/ **Chicken** - Kylling
Seafood – Fisk og skaldyr
Egg – Æg/ (plural) Æg
Milk - Mælk/ **Butter** – Smør/ **Cheese** - Ost
Bread - Brød / **Flour** - Mel
Oil - Olie
Baked - Bagt
Cake - Kage
Beer - Øl/ **Wine** – Vin
Cinnamon - Kanel
Powder - Pulver
Mustard - Sennep

Where is the nearest grocery store?
Hvor er den nærmeste købmand?
Where can I buy meat and chicken?
Hvor kan jeg købe kød og kylling?
We need to buy flour, eggs, milk, butter, and oil to bake my cake.
Vi skal købe mel, æg, mælk, smør og olie for at bage min kage.
The groceries are already in the car.
Dagligvarerne er allerede i bilen.
We drink beer or wine during the meal.
Vi drikker øl eller vin under måltidet.
The rolls are covered with cinnamon.
Bollerne er dækket med kanel.
The butcher shop is near the bakery.
Slagterforretningen ligger tæt på bageriet.
I have to go to the market, to buy a half kilo of meat.
Jeg skal på markedet for at købe et halvt kilo kød.
For lunch, we can eat seafood, and pasta for dinner.
Til frokost kan vi spise fisk og skaldyr og pasta til aftensmad.
I usually eat bread with a slice of cheese for breakfast.
Jeg plejer at spise brød med en skive ost til morgenmad.
I like ketchup and mustard on my hotdog.
Jeg kan godt lide ketchup og sennep på min hotdog.

Menu - Menu
Beef - Oksekød/ **Lamb** - Lam/ **Pork** - Svinekød
Steak - Bøf
Hamburger - Hamburger
Water – Vand
Salad - Salat
Soup - Suppe
Appetizer – Forret/ **Entrée** – Hovedret
Cooked - Kogt
Boiled - Kogt/ **Fried** - Stegt/ **Broiled** - Broiled
Grilled - Grillet
Raw - Rå
Dessert – Desert
Ice cream - Is
Coffee – Kaffe/ **Tea** – Te
Olive oil – Olivenolie
Fish – Fisk
Juice - Juice
Honey - Honning
Sugar - Sukker

Do you have a menu in English?
Har du en menu på engelsk?
Which is preferable, the fried fish or the grilled lamb?
Hvad er at foretrække, den stegte fisk eller det grillede lam?
I want to order a cup of water, a soup for my appetizer, and pizza for my entrée.
Jeg vil bestille en kop vand, en suppe til min forret og pizza til min hovedret.
I want to order a steak for myself, a hamburger for my son, and ice cream for my wife.
Jeg vil bestille en bøf til mig selv, en hamburger til min søn og is til min kone.
What type of dessert is included with my coffee?
Hvilken type dessert kommer med min kaffe?
Can I order a salad with a hard boiled egg and olive oil on the side?
Kan jeg bestille en salat med et hårdkogt æg og olivenolie ved siden af?
Is the piece of fish in the sushi cooked or raw?
Er fiskestykket i sushien tilberedt eller råt?
I want to order a fruit juice instead of a soda.
Jeg vil bestille en frugtjuice i stedet for en sodavand.
I want to order tea with a teaspoon of honey instead of sugar.
Jeg vil bestille te med en teskefuld honning i stedet for sukker.
The tip is 15% at this restaurant.
Drikkepenge er 15% på denne restaurant.

Vegetarian - Vegetar / **Vegan** – Vegansk
Dairy - Mejeri/ **Dairy products** - Mejeriprodukter
Salt - Salt/ **Pepper** - Peber
Flavor - Smag
Spices - Krydderier
Nuts - Nødder
Peanuts - Jordnødder
Sauce - Sauce
Sandwich - Sandwich
Mayonnaise - Mayonnaise
Rice - Ris
Fries - Pommes Frites
Soy - Soja
Jelly - Gelé
Chocolate - Chokolade/ **Cookie** - Cookie/ **A candy** - En slik
Whipped cream - Flødeskum
Popsicle - Ispind
Frozen - Frosne/ **Thawed** – Optøet

I don't eat meat because I am a vegetarian.
Jeg spiser ikke kød, fordi jeg er vegetar.
My brother won't eat dairy products because he is a vegan.
Min bror vil ikke spise mejeriprodukter, fordi han er veganer.
Food tastes much better with salt, pepper, and other spices.
Mad smager meget bedre med salt, peber og andre krydderier.
The only things I have in my freezer are popsicles.
Det eneste jeg har i min fryser er ispinde.
No chocolate, candy, or whipped cream until after dinner.
Ingen chokolade, slik eller flødeskum før efter middagen.
I want to try a sample of that piece of cheese.
Jeg vil prøve en smagsprøve af det stykke ost.
I have allergies to nuts and peanuts.
Jeg har allergi over for nødder og jordnødder.
This sauce is delicious.
Denne sauce er lækker.
Why do you always put mayonnaise on your sandwich?
Hvorfor putter du altid mayonnaise på din sandwich?
The food is still frozen so we need to wait for it to thaw.
Maden er stadig frossen, så vi skal vente på, at den tøer op.
Please bring me a bowl of cereal and a slice of toasted bread with jelly.
Giv mig venligst en skål morgenmad og en skive ristet brød med syltetøj.
It's healthier to eat rice than fries.
Det er sundere at spise ris end pommes frites.

VEGETABLES - GRØNTSAGER

Tomato - Tomat/ **Carrot** - Gulerod/ **Lettuce** - Salat
Radish - Radise / **Beet** - Roer/ **Chard** - Sølvbede
Eggplant - Aubergine
Bell Pepper – Peberfrugt/ **Hot pepper** – Stærk peber
Celery - Selleri / **Spinach** - Spinat
Cabbage - Kål/ **Cauliflower** - Blomkål
Beans – Bønner
Corn - Majs
Garlic - Hvidløg/ **Onion** - Løg
Artichoke - Artiskok
Grilled vegetables – Grillede grøntsager
Steamed vegetables – Dampede grøntsager

Grilled vegetables or steamed vegetables are popular side dishes at restaurants.
Grillede grøntsager eller dampede grøntsager er populære tilbehør på restauranter.
There are carrots, bell peppers, lettuce, and radishes in my salad.
Der er gulerødder, peberfrugt, salat og radiser i min salat.
It's not hard to grow tomatoes.
Det er ikke svært at dyrke tomater.
Eggplant can be cooked or fried.
Aubergine kan koges eller steges.
I like beets in my salad.
Jeg kan godt lide rødbeder i min salat.
I don't like to eat hot peppers.
Jeg kan ikke lide at spise stærke peberfrugter.
Celery and spinach have natural vitamins.
Selleri og spinat har naturlige vitaminer.
Fried cauliflower tastes better than fried cabbage.
Stegt blomkål smager bedre end stegt kål.
Rice and beans are my favorite side dish.
Ris og bønner er mit favorit tilbehør.
I like butter on corn.
Jeg kan godt lide smør på majs.
Garlic is an important ingredient in many cuisines.
Hvidløg er en vigtig ingrediens i mange køkkener.
Where is the onion powder?
Hvor er løgpulveret?
An artichoke is difficult to peel.
En artiskok er svær at skrælle.

Cucumber – Agurk
Lentils - Linser / **Peas** - Ærter
Green onion – Forårsløg
Herbs - Urter / **Basil** - Basilikum
Parsley - Persille/ **Cilantro** - Koriander / **Dill** - Dild/ **Mint** - Mynte
Potato – Kartoffel/ **Sweet Potato** - Sød kartoffel
Mushroom – Svampe
Asparagus - Asparges
Seaweed – Tang
Pumpkin – Græskar / **Squash** - Squash / **Zucchini** - Squash
Chick peas – Kikærter
Vegetable garden – Grøntsagshave

I want to order lentil soup.
Jeg vil bestille linsesuppe.
Please put the green onion in the refrigerator.
Sæt det grønne løg i køleskabet.
The most common kitchen herbs are basil, cilantro, dill, parsley, and mint.
De mest almindelige køkkenurter er basilikum, koriander, dild, persille og mynte.
Some of the most common vegetables for tempura are sweet potatoes and mushrooms.
Nogle af de mest almindelige grøntsager til tempura er søde kartofler og svampe.
I want to order vegetarian sushi with asparagus and cucumber along with a side of seaweed salad.
Jeg vil bestille vegetarisk sushi med asparges og agurk sammen med en side af tangsalat.
I enjoy eating pumpkin seeds as a snack.
Jeg nyder at spise græskarkerner som snack.
I must water my vegetable garden.
Jeg skal vande min køkkenhave.
The potatoes in the field are ready to harvest.
Kartoflerne på marken er klar til høst.
Chickpeas are a popular ingredient in Middle Eastern food.
Kikærter er en populær ingrediens i mellemøstlig mad.
Is there Zucchini in the soup?
Er der Squash i suppen?
I like to put ginger dressing on my salad.
Jeg kan godt lide at putte ingefærdressing på min salat.
The tomatoes are fresh but the cucumbers are rotten.
Tomaterne er friske, men agurkerne er rådne.

FRUITS - FRUGTER

Apple - Æble
Banana - Banan
Orange - Appelsin/ **Grapefruit** - Grapefrugt
Peach - Fersken
Tropical fruit - Tropisk frugt / **Papaya** - Papaya / **Coconut** - Kokosnød
Cherry - Kirsebær
Raisins - Rosiner/ **Prune** - Beskær
Dates - Dadler/ **Fig** - Figen
Fruit salad - Frugtsalat/ **Dried fruit** - Tørret frugt
Apricot - Abrikos
Pear - Pære
Avocado - Avocado
Ripe - Moden

Can I add raisins to the apple pie?
Kan jeg tilføje rosiner til æblekagen?
Orange juice is a wonderful source of Vitamin C.
Appelsinjuice er en vidunderlig kilde til C-vitamin.
Grapefruits are extremely beneficial for your health.
Grapefrugter er ekstremt gavnlige for dit helbred.
I have a peach tree in my front yard
Jeg har et ferskentræ i min forhave
I bought papayas and coconuts at the supermarket to prepare a fruit salad.
Jeg købte papaya og kokosnødder i supermarkedet for at tilberede en frugtsalat.
I want to travel to Japan to see the famous cherry blossom.
Jeg vil rejse til Japan for at se den berømte kirsebærblomst.
Bananas are tropical fruits.
Bananer er tropiske frugter.
I want to mix dates and figs in my fruit salad.
Jeg vil blande dadler og figner i min frugtsalat.
Apricots and prunes are my favorite dried fruits.
Abrikoser og svesker er mine yndlings tørrede frugter.
Pears are delicious.
Pærer er lækre.
The avocado isn't ripe yet.
Avocadoen er ikke moden endnu.
The green apple is very sour.
Det grønne æble er meget syrligt.
The unripe peach is usually bitter.
Den umodne fersken er normalt bitter.

Fruit tree - Frugttræ
Citrus - Citrus
Lemon - Citron
Lime - Lime
Pineapple - Ananas
Melon - Melon
Watermelon - Vandmelon
Strawberry - Jordbær
Berry - Bær
Blueberry - Blåbær / **Raspberry** - Hindbær
Grapes - Druer
Pomegranate - Granatæble
Plum - Blomme
Olive - Oliven
Grove - Lund

Strawberries grow during the Spring.
Jordbær vokser i løbet af foråret.
How much does the watermelon juice cost?
Hvor meget koster vandmelons juice?
I have a pineapple plant in a pot.
Jeg har en ananasplante i en potte.
Melons grow on the ground.
Meloner vokser på jorden.
I am going to the fruit-tree section of the nursery today to purchase a few citrus trees.
Jeg skal til frugttræsafdelingen i planteskolen i dag for at købe et par citrustræer.
There are many raspberries growing on the bush.
Der vokser mange hindbær på busken.
Blueberry juice is very sweet.
Blåbærjuice er meget sød.
I need to pick the grapes to make the wine.
Jeg skal plukke druerne for at lave vinen.
Pomegranate juice contains a very high level of antioxidants.
Granatæblejuice indeholder et meget højt niveau af antioxidanter.
Plums are seasonal fruits.
Blommer er årstidens frugter.
I add either lemon juice or lime juice to my salad.
Jeg tilføjer enten citronsaft eller limesaft til min salat.
I have an olive grove in my backyard.
Jeg har en olivenlund i min baghave.

SHOPPING - SHOPPE

Clothes - Tøj
Clothing store - Tøjbutik
For sale - Til salg
Hat - Hat
Shirt - Skjorte
Shoes - Sko
Skirt - Nederdel/ **Dress -** Kjole
Pants - Bukser
Shorts - Shorts
Suit - Jakkesæt / **Vest -** Vest
Tie - Slips
Uniform - Uniform
Belt - Bælte
Socks - Strømper
Gloves - Handsker
Glasses - Briller/ **Sunglasses -** Solbriller
Size - Størrelse
Small - Lille/ **Medium -** Medium/ **Large -** Stor/ **Thick -** Tyk/ **Thin -** Tynd
Thrift store - Genbrugsbutik

There are a lot of clothes for sale today.
Der er meget tøj til salg i dag.
Does this hat look good?
Ser denne hat godt ud?
I am happy with this shirt and these shoes.
Jeg er glad for denne skjorte og disse sko.
She prefers a skirt instead of a dress.
Hun foretrækker en nederdel i stedet for en kjole.
These pants aren't my size.
Disse bukser er ikke min størrelse.
Where can I find a thrift store? I want to buy a suit, a vest, and a tie.
Hvor kan jeg finde en genbrugsbutik? Jeg vil gerne købe et jakkesæt, en vest og et slips.
There are uniforms for school at the clothing store.
Der er uniformer til skolen i tøjbutikken.
I forgot my socks, belt, and shorts at your house.
Jeg glemte mine sokker, bælte og shorts hjemme hos dig.
These gloves are a size too small. Do you have a medium size?
Disse handsker er en størrelse for små. Har du en mellemstørrelse?
Today I don't need my reading glasses. However, I have my sunglasses.
I dag har jeg ikke brug for mine læsebriller. Jeg har dog mine solbriller.

Jacket - Jakke
Scarf - Tørklæde
Mittens - Luffer
Sleeve - Ærme
Boots (rain, winter) - Støvler
Sweater - Sweater
Bathing suit - Badedragt
Flip flops - Klipklappere
Tank top - Tanktop
Sandals - Sandaler
Heels - Hæle
On sale - På tilbud
Expensive - Dyrt
Free - Gratis/ **Discount** - Rabat
Cheap - Billig
Shopping - Shopping
Mall - Indkøbscenter

We are going to the mountain today so don't forget your jacket, mittens, and scarf.
Vi skal til bjerget i dag, så glem ikke din jakke, vanter og halstørklæde.
I have long sleeve shirts and short sleeve shirts.
Jeg har langærmede skjorter og kortærmede skjorter.
Boots and sweaters are meant for winter.
Støvler og trøjer er beregnet til vinter.
At the beach, I wear a bathing suit and flip flops.
På stranden har jeg badedragt og klipklappere på.
I want to buy a tank top for summer.
Jeg vil gerne købe en tanktop til sommer.
I can't wear heels on the beach, only sandals.
Jeg kan ikke have hæle på på stranden, kun sandaler.
What will be on sale tomorrow?
Hvad vil der være på udsalg i morgen?
This is free.
Dette er gratis.
Even though this cologne and this perfume are discounted, they are still very expensive.
Selvom denne cologne og denne parfume er nedsatte, er de stadig meget dyre.
These items are very cheap.
Disse varer er meget billige.
I can go shopping only on weekends.
Jeg kan kun shoppe i weekenden.
Is the local mall far?
Er det lokale indkøbscenter langt væk?

Store - Butik
Business hours - Åbningstider
Open - Åbent / Closed - Lukket
Entrance - Indgang/ Exit - Afslut
Shopping cart - Indkøbskurv/ Shopping basket - Indkøbskurv
Shopping bag - Indkøbstaske
Toy store - Legetøjsbutik/ Toy - Legetøj
Book store - Legetøj
Music store - Musikbutik
Jeweler - Juveler/ Jewelry - Smykker
Gold - Guld/ Silver - Sølv
Necklace - Halskæde/ Bracelet - Armbånd
Diamond - Diamant
Gift - Gave
Coin - Mønt
Antique - Antik
Dealer - Forhandler

What are your (plural) business hours?
Hvad er dine åbningstider?
What time does the store open?
Hvad tid åbner butikken?
What times does the store close?
Hvilke tidspunkter lukker butikken?
Where is the entrance?
Hvor er indgangen?
Where is the exit?
Hvor er udgangen?
My children want to go to the toy store so they can fill up the shopping cart with toys.
Mine børn vil gerne i legetøjsbutikken, så de kan fylde indkøbskurven op med legetøj.
I use a large shopping basket at the supermarket.
Jeg bruger en stor indkøbskurv i supermarkedet.
There is a sale at the bookstore right now.
Der er udsalg i boghandlen lige nu.
The jeweler sells gold and silver.
Guldsmeden sælger guld og sølv.
I want to buy a diamond necklace.
Jeg vil gerne købe en diamant halskæde.
This bracelet and those pair of earrings are gifts for my daughter.
Dette armbånd og disse par øreringe er gaver til min datter.
He is an antique coin dealer.
Han er antikmønthandler.

FAMILY - FAMILIE

Mother - Mor
Father - Far
Son - Søn/ **Daughter** - Datter
Brother - Bror
Sister - Søster
Husband - Mand
Wife - Kone
Parent - Forælder/ **Parents** (plural) - Forældre
Child - Barn
Baby - Baby
Grandfather - Bedstefar
Grandmother - Bedstemor
Grandparents - Bedsteforældre
Grandson - Barnebarn
Granddaughter - Barnebarn
Grandchildren - Børnebørn
Nephew - Nevø/ **Niece** - Niece
Cousin - Fætter

I have a big family.
Jeg har en stor familie.
My brother and sister are here.
Min bror og søster er her.
The mother and father want to spend time with their child.
Mor og far vil gerne bruge tid sammen med deres barn.
He wants to bring his son and daughter to the public park.
Han vil have sin søn og datter med til den offentlige park.
The grandfather wants to take his grandson to the movie.
Bedstefaren vil have sit barnebarn med til filmen.
The grandmother wants to give her granddaughter money.
Bedstemoderen vil gerne give sit barnebarn penge.
The grandparents want to spend time with their grandchildren.
Bedsteforældrene vil gerne bruge tid sammen med deres børnebørn.
The husband and wife have a new baby.
Manden og konen har fået et nyt barn.
I want to go to the park with my niece and nephew.
Jeg vil i parken med min niece og nevø.
My cousin wants to see his children.
Min fætter vil gerne se sine børn.
That man is a good parent.
Den mand er en god forælder.

Aunt - Tante/ **Uncle** - Onkel
Man - Mand/ **Woman** - Kvinde
Stepfather - Stedfar/ **Stepmother** - Stedmor
Stepbrother - Stedbror/ **Stepsister** - Stedsøster
Stepson - Stedsøn/ **Stepdaughter** - Steddatter
In laws - Svigerforældre
Ancestors - Forfædre
Family tree - Stamtræ
Generation - Generation
First born - Førstefødte/ **Only child** - Enebarn
Relative - Familiemedlem / **Family member** - Familiemedlem
Twins - Tvillinger
Pregnant - Gravid
Adopted child - Adoptionsbarn
Orphan - Forældreløs
Adult - Voksen
Neighbor - Nabo/ **Friend** - Ven
Roommate - Sambo

My aunt and uncle came here for a visit.
Min tante og onkel kom her på besøg.
He is their only child.
Han er deres eneste barn.
My wife is pregnant with twins.
Min kone er gravid med tvillinger.
He is their eldest son.
Han er deres ældste søn.
The first-born child usually takes on all the responsibilities.
Det førstefødte barn påtager sig normalt al ansvaret.
I was able to find all my relatives and ancestors on my family tree.
Jeg var i stand til at finde alle mine slægtninge og forfædre på mit stamtræ.
My parents' generation loved disco music.
Mine forældres generation elskede discomusik.
Their adopted child was an orphan
Deres adoptivbarn var forældreløst
I like my in-laws.
Jeg kan godt lide mine svigerforældre.
I have a nice neighbor.
Jeg har en dejlig nabo.
She considers her stepson as her real son.
Hun betragter sin stedsøn som sin rigtige søn.
She is his stepdaughter.
Hun er hans steddatter.

HUMAN BODY - MENNESKELIG KROPP

Head - Hoved
Face - Ansigt
Eye - Øje/ **(p)** øjne, **Ear** - Øre/ **(p)** ører
Nose - Næse
Mouth - Mund/ **Lips** - Læber
Tongue - Tungen
Cheek - Kind
Chin - Hage
Neck - Hals/ **Throat** - Hals
Forehead - Pande
Eyebrow - Øjenbryn/ **Eyelashes** - Øjenvipper
Hair - Hår/ **Beard** - Skæg/ **Mustache** - Overskæg
Tooth - Tand/ **(p)** tænder

My chin, cheeks, mouth, lips, and eyes are all part of my face.
Min hage, kinder, mund, læber og øjne er alle en del af mit ansigt.
He has small ears.
Han har små ører.
I have a cold so therefore my nose, eyes, mouth, and tongue are affected.
Jeg er forkølet, så derfor er min næse, øjne, mund og tunge påvirket.
The five senses are sight, touch, taste, smell, and hearing.
De fem sanser er syn, føle, smag, lugte og hørelse.
I am washing my face right now.
Jeg vasker mit ansigt lige nu.
I have a headache
Jeg har hovedpine
My eyebrows are too long.
Mine øjenbryn er for lange.
He must shave his beard and mustache.
Han skal barbere sit skæg og overskæg.
I brush my teeth every morning.
Jeg børster tænder hver morgen.
She puts makeup on her cheeks and a lot of lipstick on her lips.
Hun lægger makeup på kinderne og en masse læbestift på læberne.
Her hair covered her forehead.
Hendes hår dækkede hendes pande.
She has a long neck.
Hun har en lang hals.
I have a sore throat.
Jeg har ondt i halsen.

Shoulder - Skulder
Chest - Bryst
Arm - Arm/ **Hand** - Hånd/ **Palm** (of hand) - Håndflade
Elbow - Albue/ **Wrist** - Håndled
Finger - Finger / **Thumb** - Tommelfinger
Back - Tilbage
Belly - Mave/ **Stomach** - Mave/ **Intestines** - Tarme
Brain - Hjerne / **Heart** - Hjerte/ **Kidneys** - Nyrer
Lungs - Lunger/ **Liver** - Lever
Leg - Ben/ **Ankle** - Ankel/ **Foot** - Fod/ **Sole** (of foot) - Fodsål
Toe - Tå
Nail - Negl
Joint - Led
Muscle - Muskel
Spine - Rygsøjle/ **Skeleton** - Skelet/ **Bone** - Knogle
Ribs - Ribben/ **Skull** - Kranium
Skin - Hud
Vein - Vene

He has a problem with his stomach.
Han har et problem med maven.
The brain, heart, kidneys, lungs, and liver are internal organs.
Hjernen, hjertet, nyrerne, lungerne og leveren er indre organer.
His chest and shoulders are very muscular.
Hans bryst og skuldre er meget muskuløse.
I need to strengthen my arms and legs.
Jeg har brug for at styrke mine arme og ben.
I accidentally hit his wrist with my elbow.
Jeg ramte ved et uheld hans håndled med min albue.
I have pain in every part of my body especially in my hand, ankle, and back.
Jeg har smerter i alle dele af min krop, især i min hånd, ankel og ryg.
I want to cut my nails.
Jeg vil klippe mine negle.
I need a new bandage for my thumb.
Jeg skal bruge en ny bandage til min tommelfinger.
I have a cast on my foot because of a broken bone.
Jeg har et gips på min fod på grund af en brækket knogle.
I have muscles and joint pain today.
Jeg har muskler og ledsmerter i dag.
The spine is the main part of the body.
Rygsøjlen er hoveddelen af kroppen.
I have beautiful skin.
Jeg har smuk hud.

HEALTH AND MEDICAL - SUNDHED OG MEDICIN

Disease - Sygdom
Bacteria - Bakterier
Sick - Syg
Clinic - Klinik
Headache - Hovedpine/ **Earache** - Ørepine
Pharmacy - Apotek/ **Prescription** - Receptpligtig
Symptoms - Symptomer
Nausea - Kvalme/ **Stomachache** - Mavepine
Allergy - Allergi
Penicillin - Penicilina/ **Antibiotic** - Antibiotikum
Sore throat - Ondt i halsen
Fever - Feber/ **Flu** - Influenza
Cough - Hoste/ **To cough** - At hoste
Infection - Infektion
Injury - Skade/ **Scar** - Ar
Ache - Ondt/ **Pain** - Smerte
Intensive care - Skadestue
Bandaid - Plaster/ **Bandage** - Bandage

Are you in good health?
Er du ved godt helbred?
These bacteria caused this disease.
Disse bakterier forårsagede denne sygdom.
He is very sick.
Han er meget syg.
I have a headache so I must go to the pharmacy to refill my prescription.
Jeg har hovedpine, så jeg skal på apoteket for at forny min recept.
The main symptoms of food poisoning are nausea and stomach ache.
De vigtigste symptomer på madforgiftning er kvalme og mavepine.
I have an allergy to penicillin, so I need another antibiotic.
Jeg er allergisk over for penicillin, så jeg har brug for et andet antibiotikum.
What do I need to treat an earache?
Hvad skal jeg bruge for at behandle ørepine?
I need to go to the clinic for my fever and sore throat.
Jeg skal på klinikken for min feber og ondt i halsen.
The bandage won't help your infection.
Bandagen hjælper ikke på din infektion.
I have a serious injury so I must go to intensive care.
Jeg har en alvorlig skade, så jeg skal på skadestuen.
I have muscle and joint pains today.
Jeg har muskel- og ledsmerter i dag.

Hospital - Hospital / **Doctor** - Læge/ **Nurse** - Sygeplejerske
Family Doctor - Familielæge/ **Pediatrician** - Børnelæge
Medication - Medicin/ **Pills** - Medicin
Heartburn - Halsbrand
Paramedic - Paramedic/ **Emergency room** - Skadestue
Health insurance - Sygesikring
Patient - Patient
Surgery - Kirurgi/ **Surgeon** - Kirurg/ **Face mask** - Ansigtsmaske
Anesthesia - Anæstesi
Local anesthesia - Lokalbedøvelse/ **General anesthesia** - Fuld Bedøvelse
Wheelchair - Kørestol/ **Cane** - Stok/ **Walker** - Rollator
Stretcher - Båre
Dialysis - Dialyse/ **Insulin** - Insulin/ **Diabetes** - Diabetes
Temperature - Temperatur/ **Thermometer** - Termometer
A shot - En vaccine/ **Needle** - Nål/ **Syringe** - Sprøjte
In need of - Trænger til

Where is the closest hospital?
Hvor er det nærmeste hospital?
Usually we see the nurse before the doctor.
Normalt ser vi sygeplejersken før lægen.
The paramedics can take her to the emergency room but she doesn't have health insurance.
Ambulancepersonalet kan tage hende til skadestuen, men hun har ikke en sygesikring
The doctor treated the patient.
Lægen behandlede patienten.
He needs knee surgery today.
Han skal opereres i knæet i dag.
The surgeon needs to administer general anesthesia in order to operate on the patient.
Kirurgen skal administrere fuld bedøvelse for at kunne operere patienten.
Does the patient need a wheelchair or a stretcher?
Har patienten brug for en kørestol eller en båre?
I have to take medicine every day.
Jeg skal tage medicin hver dag.
Do you have any pills for heartburn?
Har du nogle piller mod halsbrand?
Where is the closest dialysis center?
Hvor er det nærmeste dialysecenter?
The doctor didn't prescribe insulin for my diabetes.
Lægen ordinerede ikke insulin til min diabetes.
I need a thermometer to take my temperature.
Jeg skal bruge et termometer til at måle min temperatur.

Stroke - Slagtilfælde
Blood - Blod/ **Blood pressure** - Blodtryk
Heart attack - Hjerteanfald
Cancer - Kræft/ **Chemotherapy** - Kemoterapi
Help - Hjælp
Germs - Bakterier / **Virus** - Virus
Vaccine - Vaccin/ **A cure** - En kur / **To cure** - At helbrede
Cholesterol - Kolesterol/ **Nutrition** - Ernæring/ **Diet** - Kost
Blind - Blind/ **Deaf** - Døv/ **Mute** - Stum
Young - Ung/ **Elderly** - Ældre
Fat - Fedt / **Fat** (person) - Overvægtig/ **Skinny** (person) - Tynd
Nursing home - Plejehjem
Disability, handicap - Handicap/ **Paralysis** - Lammelse
Depression - Depression/ **Anxiety** - Angst
Dentist - Tandlæge
X-ray - Røntgen
Tooth cavity - Hul i tand
Tooth paste - Tandpasta/ **Tooth brush** - Tandbørste

A stroke is caused by a lack of blood flow to the brain.
Et slagtilfælde er forårsaget af manglende blodgennemstrømning til hjernen.
These are the symptoms of a heart attack.
Disse er symptomerne på et hjerteanfald.
Chemotherapy is for treating cancer.
Kemoterapi er til behandling af kræft.
Proper nutrition is very important and you must avoid foods that are high in cholesterol.
Korrekt ernæring er meget vigtigt, og du skal undgå fødevarer med højt kolesterolindhold.
I am starting my diet today.
Jeg starter min diæt i dag.
There is no cure for this virus, only a vaccine.
Der er ingen kur mod denne virus, kun en vaccine.
The nursing home is open 365 days a year.
Plejehjemmet har åbent 365 dage om året.
I don't like suffering from depression and anxiety.
Jeg kan ikke lide at lide af depression og angst.
Soap and water kill germs.
Sæbe og vand dræber bakterier.
The dentist took X-rays of my teeth to check for cavities.
Tandlægen tog røntgenbilleder af mine tænder for at tjekke for huller.
In the morning I put tooth paste on my toothrbush.
Om morgenen putter jeg tandpasta på min tandbørste.

EMERGENCY & DISASTERS - NØD - OG KATASTROFER

Help - Hjælp
Fire - Brand
Ambulance - Ambulance
First aid - Førstehjælp
CPR - HLR
Emergency number - Nødnummer
Accident - Ulykke/ **Car crash** - Bilulykke
Death - Døden, død/ **Deadly** - Dødelig/ **Fatality** - Dødsfald
Lightly wounded - Let såret
Moderately wounded - Middelsåret
Seriously wounded - Alvorligt såret
Fire truck - Brandbil/ **Siren** - Sirene
Fire extinguisher - Brandslukker
Police - Politi/ **Police station** - Politistation
Robbery - Røveri
Thief - Tyv/ **Murderer** - Morder

There is a fire. I need to call for help.
Der er en brand. Jeg er nødt til at ringe efter hjælp.
I need to call an ambulance.
Jeg skal tilkalde en ambulance.
That accident was bad.
Den ulykke var slem.
The thief wants to steal my money.
Tyven vil stjæle mine penge.
The car crash was fatal, there were two deaths, and four suffered serious injuries.
Bilulykken var dødelig, der var to dødsfald, og fire fik alvorlige kvæstelser.
One was moderately wounded and two were lightly wounded.
En blev lettere såret og to blev lettere såret.
CPR is a first step of first-aid.
HLR er et første trin i førstehjælp.
Please provide me with the emergency number.
Giv mig venligst nødnummeret.
The police are on their way.
Politiet er på vej.
I must call the police station to report a robbery.
Jeg må ringe til politistationen for at anmelde et røveri.
The siren of the fire truck is very loud.
Brandbilens siren er meget høj.
Where is the fire extinguisher?
Hvor er ildslukkeren?

Fire hydrant - Brandhane
Fireman - Brandmand
Explosion - Eksplosion
Natural disaster - Naturkatastrofe
Destruction - Ødelæggelse
Damage - Skade
Hurricane - Orkan / **Tornado** - Tornado
Flood - Oversvømmelse
Overflow (pipes/water systems) - Overløb
Overflow (natural disaster) - Oversvømmelse
Storm - Storm
Snowstorm - Snestorm
Hail - Hagl
Bomb shelter - Bombeværn / bunkers
Refuge - Ly
Cause - Årsag
Safety - Sikkerhed
Drought - Tørke
Famine - Hungersnød
Poverty - Fattigdom
Epidemic - Epidemi
Pandemic - Pandemi

It's prohibited to park by the fire hydrant in case of a fire.
Det er forbudt at parkere ved brandhanen i tilfælde af brand.
When there is a fire, the first to arrive on scene are the firemen.
Når der er brand, er brandmændene de første, der ankommer til stedet.
There is a fire. I must call for help.
Der er en brand. Jeg må ringe efter hjælp.
The gas explosion led to a natural disaster.
Gaseksplosionen førte til en naturkatastrofe.
During a siren you need to run to the bomb shelter.
Under en sirene skal du løbe til bombeskjulet.
The hurricane caused a lot of damage and destruction in its path.
Orkanen forårsagede mange skader og ødelæggelser på sin vej.
The tornado destroyed the town.
Tornadoen ødelagde byen.
The drought led to famine and a lot of poverty.
Tørken førte til hungersnød og megen fattigdom.
There were three days of flooding following the storm.
Der var tre dage med oversvømmelser efter stormen.
This is a snowstorm and not a hail storm.
Dette er en snestorm og ikke en haglstorm.

Danger - Fare
Dangerous - Farlig
Emergency situation - Nødsituation
Rescue - Redning
A warning - En advarsel
Warning! - Advarsel!
Earthquake - Jordskælv
Disaster - Katastrofe
Disaster area - Katastrofeområde
Mandatory - Obligatorisk
Evacuation - Evakuering
Safe place - Sikkert sted
Blackout - Strømsvigt
Rainstorm - Regnvejr
Avalanche - Lavine
Heatwave - Hedebølge
Rip current - Ripstrøm
Tsunami - Tsunami
Whirlpool - Virvelstrøm
Lightning - Lyn
Thunder - Torden

We need to stay in a safe place during the earthquake.
Vi skal holde os et sikkert sted under jordskælvet.
In an emergency situation everyone needs to be rescued.
I en nødsituation skal alle reddes.
Heatwaves are usually in the summer.
Hedebølger er normalt om sommeren.
This is a disaster area, therefore there is a mandatory evacuation order.
Dette er et katastrofeområde, derfor er der en obligatorisk evakueringsordre.
There was a blackout for three hours due to the rainstorm.
Der var strømsvigt i tre timer på grund af regnbygen.
Be careful during the snowstorm, because there might be an avalanche.
Vær forsigtig under snestormen, for der kan være en lavine.
There is a tsunami warning today.
Der er et tsunamivarsel i dag.
You can't swim against a rip current.
Du kan ikke svømme mod en ripstrøm.
There is a dangerous whirlpool in the ocean.
Der er en farlig virvelstrøm i havet.
There is a risk of lightning today.
Der er risiko for lyn i dag.

HOME - HJEM

Living room - Dagligstue
Couch - Sofa
Sofa - Sofa
Door - Dør
Closet - Skab
Stairway - Trappe
Rug - Tæppe
Curtain - Gardin
Window - Vindue
Floor - Etage
Floor (as in level) - Sal
Fireplace - Pejs
Chimney - Skorsten
Candle - Stearinlys
Laundry detergent - Vaskemiddel
Oven - Ovn
Stove - Komfur

The living room is missing a couch and a sofa.
Stuen mangler en sofa og en sofa.
I must buy a new door for my closet.
Jeg skal købe en ny låge til mit skab.
The spiral staircase is beautiful.
Vindeltrappen er smuk.
There aren't any curtains on the windows.
Der er ingen gardiner for vinduerne.
I have a marble floor on the first floor and a wooden floor on the second floor.
Jeg har et marmorgulv på første sal og et trægulv på anden sal.
I can only light this candle now.
Jeg kan kun tænde dette lys nu.
The fire sparkles in the fireplace.
Ilden funkler i pejsen.
I can clean the floors today and then I want to arrange the closet.
Jeg kan vaske gulvene i dag og så vil jeg ordne skabet.
I have to wash the rug with laundry detergent.
Jeg skal vaske tæppet med vaskemiddel.
The stove isn't functioning.
Komfuret fungerer ikke.
The pizza is in the oven.
Pizzaen er i ovnen.

Silverware - Sølvtøj
Knife - Kniv / **Spoon** - Ske
Fork - Gaffel / **Teaspoon** - Teske
Kitchen - Køkken
A cup - En kop
A mug - Et krus
Plate - Tallerken
Bowl - Skål
Napkin - Serviet
Table - Bord
Placemat - Dækkeserviet
Placemat - Dugen
Table cloth - Dækkeserviet
Glass (material) - Glas
A glass (cup) - Et glas
Pot (cooking) - Gryde
Pan - Pande
Shelf - Hylde / spisekammer
Cabinet - Skab
Pantry - Pantry
Drawer - Skuffe

The knives, spoons, teaspoons, and forks are inside the drawer in the kitchen.
Knivene, skeerne, teskeerne og gaflerne er inde i skuffen i køkkenet.
There aren't enough cups, plates, and silverware on the table for everyone.
Der er ikke nok kopper, tallerkener og sølvtøj på bordet til alle.
The napkin is underneath the bowl.
Servietten er under skålen.
The placemats are on the table.
Dækkeservietterne ligger på bordet.
The table cloth is beautiful.
Dugen er smuk.
There is canned food in the pantry.
Der er dåsemad i spisekammeret.
Where are the toothpicks?
Hvor er tandstikkerne?
The glasses on the shelve are used for champagne, not wine.
Glassene på reolen bruges til champagne, ikke vin.
The pots and pans are in the cabinet.
Gryderne og panderne er i skabet.

Bedroom - Soveværelse
Bed - Seng
Mattress - Madras
Blanket - Tæppe
Bed sheet - Sengetøj
Pillow - Pude
Mirror - Spejl
Chair - Stol
Dining room - Spisestue
Hallway - Gang
Downstairs - Nedenunder
Towel - Håndklæde
Bathroom - Badeværelse
Bathtub - Badekar
Shower - Bruseniche
Sink - Vask
Faucet - Vandhane
Soap - Sæbe

The master bedroom is at the end of the hallway, and the dining room is downstairs.
Det store soveværelse er for enden af gangen, og spisestuen er nedenunder.
The mirror looks good in the bedroom.
Spejlet ser godt ud i soveværelset.
I have to buy a new bed and a new mattress.
Jeg skal købe en ny seng og en ny madras.
Where are the blankets and bed sheets?
Hvor er tæpperne og sengetøjet?
My pillows are on the chair.
Mine puder ligger på stolen.
These towels are for drying your hand.
Disse håndklæder er til at tørre dine hænder med.
The bathtub, shower, and the sink are old.
Badekar, bruser og håndvask er gamle.
I need soap to wash my hands.
Jeg har brug for sæbe til at vaske mine hænder.
The guest bathroom is in the corner of the hallway.
Gæstebadeværelset er i hjørnet af gangen.
How many boxes does he have?
Hvor mange kasser har han?

Room - Værelse
Balcony - Altan
Roof - Tag
Ceiling - Loft
Wall - Væg
Carpet - Tæppe
Attic - Loft
Basement - Kælder
Trash - Affald
Garbage can - Skraldespand
Driveway - Indkørsel
Garden - Have
Backyard - Baggård
Jar - Krukke
Doormat - Dørmåtte
Bag - Taske
Box - Kasse
Key - Nøgle

I can install new windows for my balcony.
Jeg kan installere nye vinduer til min altan.
I must install a new roof.
Jeg skal lægge nyt tag.
The color of my ceiling is white.
Farven på mit loft er hvid.
I must paint the walls.
Jeg skal male væggene.
The attic is an extra room in the house.
Loftet er et ekstra værelse i huset.
The kids are playing either in the basement or the backyard.
Børnene leger enten i kælderen eller baghaven.
All the glass jars are outside on the doormat.
Alle glaskrukkerne står udenfor på dørmåtten.
The garbage can is blocking the driveway.
Skraldespanden spærrer indkørslen.
I want to put my things in the plastic bag.
Jeg vil lægge mine ting i plastikposen.
I need to bring my keys.
Jeg skal have mine nøgler med.

Conclusion

You have now learned a wide range of sentences in relation to a variety of topics such as the home and garden. You can discuss the roof and ceiling of a house, plus natural disasters like hurricanes and thunderstorms.

The combination of sentences can also work well when caught in a natural disaster and having to deal with emergency issues. When the electricity gets cut you can tell your family or friends, "I can only light this candle now." As you're running out of the house, remind yourself of the essentials by saying, "I need to bring my keys with me."

If you need to go to a hospital, you have now been provided with sentences and the vocabulary for talking to doctors and nurses and dealing with surgery and health issues. Most importantly, you can ask, "What is the emergency number in this country?" When you get to the hospital, tell the health services, "The hurricane caused a lot of destruction and damage in its path," and "We used the hurricane shelter for refuge."

The three hundred and fifty words that you learned in part 1 should have been a big help to you with these new themes. When learning the Danish language, you are now more able to engage with people in Danish, which should make your travels flow a lot easier.

Part 3 will introduce you to additional topics that will be invaluable to your journeys. You will learn vocabulary in relation to politics, the military, and the family. The three books in this series all together provide a flawless system of learning the Danish language. When you visit Denmark, you will now have the capacity for greater conversational learning.

When you proceed to Part 3 you will be able to expand your vocabulary and conversational skills even further. Your range of topics will expand to the office environment, business negotiations and even school.

Please, feel free to post a review in order to share your experience or suggest feedback as to how this method can be improved.

Conversational Danish Quick and Easy
The Most Innovative Technique to Learn the Danish Language

Part III

YATIR NITZANY

Introduction to the Program

You have now reached Part 3 of Conversational Danish Quick and Easy. In Part 1 you learned the 350 words that could be used in an infinite number of combinations. In Part 2 you moved on to putting these words into sentences. You learned how to ask for help when your house was hit by a hurricane and how to find the emergency services. For example, if you need to go to a hospital, you have now been provided with sentences and the vocabulary for talking to doctors and nurses and dealing with surgery and health issues. When you get to the hospital, you can tell the health services, "The hurricane caused a lot of destruction and damage in its path," and "We used the hurricane shelter for refuge."

In this third book in the series, you will find the culmination of this foreign language course that is based on a system using key phrases used in day-to-day life. You can now move on to further topics such as things you would say in an office. This theme is ideal if you've just moved to Danish for a new job. You may be about to sit at your desk to do an important task assigned to you by your boss but you have forgotten the details you were given. Turn to your colleagues and say, "I have to write an important email but I forgot my password." Then, if the reply is "Our secretary isn't here today. Only the receptionist is here but she is in the bathroom," you'll know what is being said and you can wait for help. By the end of the first few weeks, you'll have at your disposal terminology that can help reflect your experiences. "I want to retire already," you may find yourself saying at coffee break on a Monday morning after having had to go to your bank manager and say, "I need a small loan in order to pay my mortgage this month."

I came up with the idea of this unique system of learning foreign languages as I was struggling with my own attempt to learn Danish. When playing around with word combinations I discovered 350 words that when used together could make up an infinite number of sentences. From this beginning, I was able to start speaking in a new language. I then practiced and found that I could use the same technique with other languages, such as Spanish, French, Italian and Arabic. It was a revelation.

This method is by far the easiest and quickest way to master other languages and begin practicing conversational language skills.

The range of topics and the core vocabulary are the main components of this flawless learning method. In Part 3 you have a chance to learn how to relate to people in many more ways. Sports, for example, are very important for keeping healthy and in good spirits. The social component of these types of activities should not be underestimated at all. You will, therefore, have much help when you meet some new people, perhaps in a bar, and want to say to them, "I like to watch basketball games," and "Today are the finals of the Olympic Games. Let's see who wins the World Cup."

For sports, the office, and for school, some parts of conversation are essential. What happens when you need to get to work but don't have any clean clothes to wear because of malfunctions with the machinery. What you need is to be able to pick up the phone and ask a professional or a friend, "My washing machine and dryer are broken so maybe I can wash my laundry at the public laundromat." When you finally head out after work for some drinks and meet a nice new man, you can say, "You can leave me a voicemail or send me a text message."

Hopefully, these examples help show you how reading all three parts of this series in combination will prepare you for all you need in order to boost your conversational learning skills and engage with others in your newly learned language. The first two books have been an important start. This third book adds additional vocabulary and will provide the comprehensive knowledge required.

OFFICE - KONTOR

Boss - Chef
Employee(s) - Medarbejder(e)
Staff - Personale
Meeting - Møde
Conference room - Konferencelokale
Secretary - Sekretær/ **Receptionist** - Receptionist
Schedule - Tidsplan / **Calendar** - Kalender
Supplies - Forsyninger
Pencil - Blyant/ **Pen** - Pen/ **Ink** - Blæk/ **Eraser** - Viskelæder
Desk - Skrivebord/ **Cubicle** - Bås/ **Chair** - Stol
Office furniture - Kontormøbler
Business card - Visitkort
Lunch break - Frokostpause
Days off - Fridage
Briefcase - Kuffert
Bathroom - Badeværelse

My boss asked me to hand in the paperwork.
Min chef bad mig om at aflevere papirerne.
Our secretary isn't here today. The receptionist is here but she is in the bathroom.
Vores sekretær er her ikke i dag. Receptionisten er her, men hun er på badeværelset.
The employee meeting can take place in the conference room.
Medarbejdermødet kan foregå i mødelokalet.
My business cards are inside my briefcase.
Mine visitkort er inde i min mappe.
The office staff must check their work schedule daily.
Kontorpersonalet skal tjekke deres arbejdsplan dagligt.
I am going to buy office furniture.
Jeg skal købe kontormøbler.
There isn't any ink in this pen.
Der er ikke blæk i denne pen.
This pencil is missing an eraser.
Denne blyant mangler et viskelæder.
Our days off are written on the calendar.
Vores fridage er skrevet i kalenderen.
I need to buy extra office supplies.
Jeg skal købe ekstra kontorartikler.
I am busy until my lunch break.
Jeg har travlt indtil min frokostpause.

Laptop - Bærbar
Computer - Computer
Keyboard - Tastatur
Mouse - Mus
Email - E-Mail
Password - Adgangskode
Attachment - Vedhæftet fil
Printer - Printer / **Colored printer** - Farveprinter
To download - For at downloade
To upload - For at uploade
Internet - Internet
Account - Konto
A copy - En kopi / **To copy** - At kopiere
Paste - Indsæt
Fax - Fax
Scanner - Scanner / **To scan** - At scanne
Telephone - Telefon
Charger - Oplader/ **To charge** (a phone) - At oplade

I want to write an important email but I forgot my password for my account.
Jeg vil gerne skrive en vigtig e-mail, men jeg har glemt min adgangskode til min konto.
I need to purchase a computer, a keyboard, a printer, and a desk.
Jeg skal købe en computer, et tastatur, en printer og et skrivebord.
Where is the mouse on my laptop?
Hvor er musen på min bærbare computer?
The internet is slow today therefore it's difficult to upload or download.
Internettet er langsomt i dag, derfor er det svært at uploade eller downloade.
Do you have a colored printer?
Har du en farveprinter?
I needed to fax the contract but instead, I decided to send it as an attachment in the email.
Jeg var nødt til at faxe kontrakten, men i stedet besluttede jeg at sende den som en vedhæftet fil i e-mailen.
One day, the fax machine will be completely obsolete.
En dag vil faxmaskinen være fuldstændig forældet.
Where is my phone charger?
Hvor er min telefonoplader?
The scanner is broken.
Scanneren er i stykker.
The telephone is behind the chair.
Telefonen er bag stolen.

Shredder - Makuleringsmaskine
Copy machine - Kopimaskine
Filing cabinet - Arkivskab
Paper - Papir, **(p)** papirer**/ Page -** Side, (p) sider
Paperwork - Papirarbejde
Portfolio - Portefølje
Contract - Kontrakt
Files - Filer / **Document -** Dokument
Records - Optegnelser, registre**/ Archives -** Arkiv
Deadline - Deadline
Binder - Ringbind
Paper clip - Papirclips
Stapler - Hæftemaskine**/ Staples -** Hæfteklammer
Stamp - Frimærke
Mail - Post
Letter - Brev
Envelope - Konvolut
Data - Data
Analysis - Analyse
Highlighter - Highlighter / **Marker -** Tusch**/ To highlight** – At fremhæve
Ruler - Lineal

The supervisor at our company is responsible for data analysis.
Supervisoren I vores virksomhed er ansvarlig for dataanalyse.
The copy machine is next to the telephone.
Kopimaskinen er ved siden af telefonen.
I can't find my stapler, paper clips, nor my highlighter in my cubicle.
Jeg kan ikke finde min hæftemaskine, papirclips eller min highlighter i min bås.
The filing cabinet is full of documents.
Arkivskabet er fyldt med dokumenter.
The garbage can is full.
Skraldespanden er fuld.
Give me the file because today is the deadline.
Giv mig filen, for deadlinen er I dag.
Where do I put the binder?
Hvor sætter jeg ringbindet?
The ruler is next to the shredder.
Linealen er ved siden af makuleringsmaskinen.
I need a stamp and an envelope.
Jeg skal bruge et frimærke og en konvolut.
There is a letter in the mail.
Der er et brev i posten.

SCHOOL - VSKOLE

Student - Elever
Teacher - Lærer
Substitute teacher - Vikarlærer
A class - En klasse
A classroom - Et klasseværelse
Education - Uddannelse
Private school - Privatskole
Public school - Folkeskole
Elementary school - Grundskole
Middle school - Mellemskole
High school - Gymnasie
University - Universitet/ **College** - Universitet
Grade (level) - Klasse/ **Grade** (grade on a test) - Karakterer
Pass - Bestået / **Fail** - Dumpet
Absent - Fraværende/ **Present** - Tilstedeværende

The classroom is empty.
Klasseværelset er tomt.
I want to bring my laptop to class.
Jeg vil gerne have min bærbare computer med til undervisningen.
Our math teacher is absent and therefore a substitute teacher replaced him.
Vores matematiklærer er fraværende, og derfor afløste en lærervikar ham.
All the students are present.
Alle elever er til stede.
Make sure to pass your classes because you can't fail this semester.
Sørg for at bestå dine klasser, for du kan ikke fejle dette semester.
The education level at a private school is much more intense.
Uddannelsesniveauet på en privatskole er meget mere intenst.
I went to a public elementary and middle school.
Jeg gik på en offentlig folkeskole og mellemskole.
I have good memories of high school.
Jeg har gode minder fra gymnasiet.
My son is 15 years old and he is in the ninth grade.
Min søn er 15 år, og han går i niende klasse.
You must get good grades on your report card.
Du skal have gode karakterer på dit rapport.
College textbooks are expensive.
College lærebøger er dyre.
I want to study at an out-of-state university.
Jeg vil studere på et universitet uden for staten.

Subject - Emne
Science - Videnskab/ **Chemistry** - Kemi/ **Physics** - Fysik
Geography - Geografi
History - Historie
Math - Matematik
Addition - Addition / **Subtraction** - Subtraktion
Division - Division / **Multiplication** - Multiplikation
Language - Sprog/ **English** - Engelsk
Foreign language - Fremmedsprog
Physical education - Fysisk uddannelse
Chalk - Kridt/ **Board** - Tavle
Report card - Karakterblad
Alphabet - Alfabet/ **Letters** - Bogstaver/ **Words** - Ord
To review - Til anmeldelse
Dictionary - Ordbog
Detention - Eftersidning
The principle - Rektoren

At school, geography is my favorite class, English is easy, math is hard, and history is boring.
I skolen er geografi mit yndlingsfag, engelsk er let, matematik er svært, og historie er kedeligt.
After English class, there is physical education.
Efter engelsktimen er der idrætsundervisning.
Today's math lesson is on addition and subtraction. Next month it will be division and multiplication.
Dagens matematiktime handler om addition og subtraktion. Næste måned bliver det division og ultiplication.
This year for foreign language credits, I want to choose Spanish and French.
I år vil jeg for mine fremmedsprogs kreditter vælge spansk og fransk.
I want to buy a dictionary, thesaurus, and a journal for school.
Jeg vil gerne købe en ordbog, synonymordbog og en dagbog til skolen.
The teacher needs to write the homework on the board with chalk.
Læreren skal skrive lektierne på tavlen med kridt.
Today the students have to review the letters of the alphabet.
I dag skal eleverne gennemgå bogstaverne i alfabetet.
The teacher wants to teach the students roman numerals.
Læreren ønsker at lære eleverne romertal.
If you can't behave well then you must go to the principal's office, and maybe stay after school for detention.
Hvis du ikke kan opføre dig pænt, skal du gå til rektors kontor og måske blive efter skole til eftersidning.

Test - Prøve/ **Quiz** - Quiz
Lesson - Lektion/ **Notes** - Noter / **Homework** – Hjemmearbejde, Lektier
Assignment - Opgave/ **Project** - Projekt
Pencil - Blyant/ **Pen** - Kuglepen/ **Ink** - Blæk/ **Eraser** - Viskelæder
Backpack - Rygsæk
Book - Bog/ **Folders** - Mapper/ **Notebook** - Notesbog/ **Papers** - Papirer
Glue - Lim/ **Scissors** - Saks / **Adhesive tape** - Tape
Lunchbox - Madkasse/ **Lunch** - Frokost/ **Cafeteria** - Cafeteria
Kindergarten - Børnehave/ **Pre-school** - Førskole/ **Day care** - Dagpleje
Triangle - Trekant/ **Square** - Square/ **Circle** - Cirkel
Crayons - Farveblyanter / **Calculator** - Lommeregner

Today, we don't have a test but we have a surprise quiz.
I dag har vi ikke en prøve, men vi har en overraskelsesquiz.
Are a pen, a pencil, and an eraser included with the school supplies?
Er der en kuglepen, en blyant og et viskelæder inkluderet i skolens forsyninger?
I think my notebook and calculator are in my backpack.
Jeg tror min notesbog og lommeregner er i min rygsæk.
All my papers are in my folder.
Alle mine papirer ligger i min mappe.
I need glue and scissors for my project.
Jeg skal bruge lim og saks til mit projekt.
I need tape and a stapler to fix my book.
Jeg skal bruge tape og en hæftemaskine til at ordne min bog.
You have to concentrate in order to take notes.
Du skal koncentrere dig for at tage noter.
The school librarian wants to invite the art and music teacher to the library next week.
Skolebibliotekaren ønsker at invitere kunst- og musiklæreren på biblioteket i næste uge.
For lunch, your children can purchase food at the cafeteria or they can bring food from home.
Til frokost kan dine børn købe mad i cafeteriet, eller de kan medbringe mad hjemmefra.
I forgot my lunchbox and crayons at home.
Jeg glemte min madpakke og farveblyanter derhjemme.
To draw shapes such as a triangle, square, circle, and rectangle is easy.
Det er nemt at tegne figurer som en trekant, firkant, cirkel og rektangel.
During the week, my youngest child is at daycare, my middle one is in pre-school, and the oldest is in kindergarten.
I løbet af ugen er mit yngste barn i daginstitution, min mellemste er i børnehave, og den ældste er i børnehave.

PROFESSION - PROFESSIONEL

Doctor - Læge/ **Nurse** - Sygeplejerske / **Veterinarian** - Dyrlæge
Psychologist - Psykolog/ **Psychiatrist** - Psykiater
Lawyer - Advokat/ **Judge** - Dommer
Pilot - Pilot / **Flight attendant** – Stewardesse, Steward
Reporter - Reporter / **Journalist** - Journalist
Electrician - Elektriker/ **Mechanic** - Mekaniker
Investigator - Efterforsker/ **Detective** - Detektiv
Translator - Oversætter
Producer - Producent/ **Director** - Instruktør

What's your profession?
Hvad er din profession?
I am going to medical school to study medicine because I want to be a doctor.
Jeg skal på medicinstudiet for at studere medicin, fordi jeg gerne vil være læge.
There is a difference between a psychologist and a psychiatrist.
Der er forskel på en psykolog og en psykiater.
Most children want to be an astronaut, a veterinarian, or an athlete.
De fleste børn ønsker at være astronaut, dyrlæge eller atlet.
The judge spoke to the lawyer at the court house.
Dommeren talte med advokaten i retsbygningen.
The police investigator needs to investigate this case.
Politiets efterforsker skal efterforske denne sag.
Being a detective could be a fun job.
At være detektiv kunne være et sjovt job.
The flight attendant and the pilot are on the plane.
Stewardessen/stewarden og piloten er på flyet.
I am a certified electrician.
Jeg er uddannet elektriker.
The mechanic overcharged me.
Mekanikeren overfakturerede mig.
I want to be a journalist.
Jeg vil gerne være journalist.
The best translators work at my company.
De bedste oversættere arbejder i mit firma.
Are you a photographer?
Er du fotograf?
The author wants to hire a ghostwriter to write his book.
Forfatteren ønsker at hyre en ghostwriter til at skrive sin bog.
I want to find the directors of the company.
Jeg vil gerne finde selskabets direktører.

Artist (performer) - Kunstner / **Artist** (draws paints picture) - Kunstner
Author - Forfatter
Painter - Maler
Dancer - Danser
Writer - Forfatter
Photographer - Fotograf
A cook - En kok / **A chef** - En kok
Waiter - Tjener
Bartender - Bartender
Barber shop - Frisørsalon/ **Barber** - Barber
Stylist - Stylist
Maid - Tjenestepige/ **Housekeeper** - Husholderske
Caretaker - Vicevært
Farmer - Landmand/ **Gardner** - Gartner
Mailman - Postbud
A guard - En vagt
A cashier - En kasserer

The artist produced this artwork for her catalog.
Kunstneren producerede dette kunstværk til sit katalog.
The artist drew a sketch.
Kunstneren tegnede en skitse.
I want to apply as a cook at the restaurant instead of as a waiter.
Jeg vil søge som kok på restauranten i stedet for som tjener.
The gardener can only come on weekdays.
Gartneren kan kun komme på hverdage.
I have to go to the barbershop now.
Jeg skal til barberen nu.
Being a bartender isn't an easy job.
At være bartender er ikke et let job.
Why do we need another maid?
Hvorfor har vi brug for en stuepige mere?
I want to file a complaint against the mailman.
Jeg vil indgive en klage over postbuddet.
I am a part-time artist.
Jeg er en deltidskunstner.
She was a dancer at the play.
Hun var danser ved skuespillet.
You need to contact the insurance company if you want to find another caretaker.
Du skal kontakte forsikringsselskabet, hvis du vil finde en anden vicevært.
The farmer can sell us ripened tomatoes today.
Landmanden kan sælge os modne tomater i dag.

BUSINESS - ERHVERV

A business - En virksomhed/ **Company** - Virksomhed/ **Factory** - Fabrik
A professional - En professionel
Position - Stilling/ **Work, job** - Arbejde/ **Employee** - Medarbejder
Owner - Ejer/ **Manager** - Leder/ **Management** - Ledelse
Secretary - Sekretær
An interview – En samtale/ **Resumé** - CV
Presentation - Præsentation
Specialist - Specialist
To hire - At ansætte/ **To fire** - At fyre
Pay check - Lønseddel/ **Income** - Indkomst/ **Salary** - Løn
Insurance - Forsikring/ **Benefits** - Fordele
Trimester - Trimester/ **Budget** - Budget
Net - Netto/ **Gross** - Brutto
To retire - At gå på pension/ **Pension** - Pension

I need a job.
Jeg mangler et job.
She is the secretary of the company.
Hun er sekretær for virksomheden.
The manager needs to hire another employee.
Lederen skal ansætte en anden medarbejder.
I am lucky because I have an interview for a cashier position today.
Jeg er heldig, fordi jeg har en samtale til en kasserer stilling i dag.
How much is the salary and does it include benefits?
Hvor meget er lønnen og inkluderer den goder?
Management has your resumé and they need to show it to the owner of the company.
Ledelsen har dit CV, og de skal vise det til ejeren af virksomheden.
I am at work at the factory now.
Jeg er på arbejde på fabrikken nu.
In business, you should be professional.
I erhvervslivet bør du være professionel.
Is the presentation ready?
Er præsentationen klar?
The first trimester is part of the annual budget.
Første trimester er en del af det årlige budget.
I have to see the net and gross profits of the business.
Jeg skal se virksomhedens netto- og bruttofortjeneste.
I want to retire already.
Jeg vil allerede gå på pension.

Client - Kunde
Broker - Mægler/ **Salesperson** - Sælger
Realtor - Ejendomsmægler
Real Estate Market - Ejendomsmarked
A purchase - Et køb/ **A lease** - En lejekontrakt/ **To lease** - At leje
To invest - At investere/ **Investment** - Investering
Landlord - Udlejer/ **Tenant** - Lejer
Economy - Økonomi/ **Mortgage** - Realkreditlån
Interest rate - Rentesats **A loan** - Et lån
Commission - Salær/ **Percent** - Procent
A sale - Et salg / **Value** - Værdi/ **Profit** - Fortjeneste
The demand - Efterspørgslen/ **The supply** - Udbuddet
A contract - En kontrakt/ **Terms** - Vilkår
Signature - Signatur/ **Initials** - Initialer
Stock - Aktie/ **Stock broker** - Børsmægler
Advertisement - Annonce/ **Ads** - Annoncer/ **To advertise** - At annoncere

I can earn a huge profit from stocks.
Jeg kan tjene en enorm fortjeneste på aktier.
The demand in the real estate market depends on the country's economy.
Efterspørgslen på ejendomsmarkedet afhænger af landets økonomi.
If you want to sell your home, I can recommend a very good realtor.
Ønsker du at sælge din bolig, kan jeg anbefale en rigtig god ejendomsmægler.
The investor wants to invest in this shopping center because of its good potential.
Investoren ønsker at investere i dette indkøbscenter på grund af dets gode potentiale.
The value of the property increased by twenty percent.
Ejendommens værdi steg med tyve procent.
How much is the commission on the sale?
Hvor meget er salæret på salget?
The client wants to lease instead of purchasing the property.
Kunden ønsker at leje i stedet for at købe ejendommen.
What are the terms of the purchase?
Hvad er betingelserne for købet?
I can negotiate a better interest rate.
Jeg kan forhandle en bedre rente.
I need a small loan in order to pay my mortgage this month.
Jeg har brug for et lille lån for at kunne betale mit realkreditlån denne måned.
I need a signature and initials on the contract.
Jeg har brug for en underskrift og initialer på kontrakten.

Money - Penge/ **Currency** - Valuta
Cash - Kontanter/ **Coins** - Mønter
Change (change for a bill) - Vekslepenge
Credit - Kredit
Tax - Skat
Price - Pris / **Invoice** - Faktura
Inventory - Inventar / **Merchandise** - Isenkram
A refund - En tilbagebetaling
Product - Produkt / **Produced** - Produceret
Retail - Detailhandel / **Wholesale** - Engros
Imports - Importer/ **Exports** - Eksport
To ship - At sende / **Shipment** - Forsendelse

Don't forget to bring cash with you.
Glem ikke at tage kontanter med dig.
Do you have change for a 100 Euro bill?
Har du vekslepenge til en 100 euro-seddel?
I don't have a credit card.
Jeg har ikke et kreditkort.
The salesperson told me there is no refund.
Sælgeren fortalte mig, at der ikke er nogen refusion.
This product is produced in Italy.
Dette produkt er produceret i Italien.
I work in the export/import business.
Jeg arbejder i eksport/importbranchen.
Let me check my inventory.
Lad mig tjekke mit inventar.
This product is insured.
Dette produkt er forsikret.
This invoice contains a mistake.
Denne faktura indeholder en fejl.
What is the wholesale and retail value of this shipment?
Hvad er engros- og detailværdien af denne forsendelse?
You don't have enough money to purchase the merchandise.
Du har ikke penge nok til at købe varen.
How much does the shipping cost and is it in foreign currency?
Hvor meget koster fragten, og er den i fremmed valuta?
There is a tax exemption on this income.
Der er skattefrihed på denne indkomst.
My position in the company is marketing and I am responsible for advertising and ads.
Min stilling i virksomheden er markedsføring og jeg er ansvarlig for annoncering og annoncer.

SPORTS - SPORT

Basketball - Basketball/ **Soccer** - Fodbold
Game - Spil/ **Stadium** - Stadion/ **Ball** - Bold/ **Player** - Spiller
To jump - At hoppe/ **To throw** - At kaste/ **To kick** - At sparke
To catch - At gribe / **Coach** - Træner/ **Referee** - Dommer
Competition - Konkurrence
Team - Hold/ **Teammate** - Holdkammerat/ **National team** - Landshold
Opponent - Modstander
Half time - Halvleg/ **Finals** - Finaler
Scores - Scorer
The goal - Målet/ **A goal** - Et mål
To lose - At tabe/ **A Defeat** - Et nederlag
To win - At vinde / **A victory** - En sejr
The looser – Taberen / **The winner** - Vinderen
Fans - Fans
Field - Bane
Helmet - Hjelm
Penalty - Straf
Basket - Kurv

I like to watch basketball games.
Jeg kan godt lide at se basketballkampe.
Soccer is my favorite sport.
Fodbold er min yndlingssport.
To play basketball, you need to be good at throwing and jumping.
For at spille basketball skal du være god til at kaste og hoppe.
The national team has a lot of fans.
Landsholdet har mange fans.
My teammate can't find his helmet.
Min holdkammerat kan ikke finde sin hjelm.
The coach and the team were on the field during half-time.
Træneren og holdet var på banen i pausen.
The coach needs to bring his team today to meet the new referee.
Træneren skal have sit hold med i dag for at møde den nye dommer.
Our opponents went home after their defeat.
Vores modstandere tog hjem efter deres nederlag.
I have tickets to a soccer game at the stadium.
Jeg har billetter til en fodboldkamp på stadion.
The player received a penalty for kicking the ball in the wrong goal.
Spilleren fik en straf for at sparke bolden i det forkerte mål.
Not every person likes sports.
Ikke alle mennesker kan lide sport.

Athlete - Atlet/ **Olympics** - OL/ **World cup** - VM
Bicycle - Cykel/ **Cyclist** - Cyklist/ **Swimming** - Svømning
Wrestling - Brydning/ **Boxing** - Boksning/ **Martial arts** - Kampsport
Championship - Mesterskab/ **Award** - Pris/ **Tournament** - Turnering
Horse racing - Hestevæddeløb/ **Racing** - Løb
Exercise - Motion/ **Fitness** - Fitness / **Gym** - Fitnesscenter
Captain - Kaptajn/ **Judge** - Dommer
A match - En kamp/ **Rules** - Regler/ **Track** - Bane
Trainer - Træner
Pool (billiards) - Billard/ **Pool** (swimming pool) - Swimmingpool

Today are the finals for the Olympic Games.
I dag er der finaler til de olympiske lege.
Let's see who wins the World Cup.
Lad os se hvem der vinder VM.
I want to compete in the cycling championship.
Jeg vil konkurrere i cykelmesterskabet.
I am an athlete so I must stay in shape.
Jeg er en atlet, så jeg skal holde mig i form.
After my boxing lesson, I want to go and swim in the pool.
Efter min bokselektion vil jeg ud og svømme i poolen.
He will receive an award because he is the winner of the martial-arts tournament.
Han vil modtage en pris, fordi han er vinderen af kampsportsturneringen.
The wrestling captain must teach his team the rules of the game.
Brydekaptajnen skal lære sit hold spillereglerne.
At the horse-racing competition, the judge couldn't announce the score.
Ved hestevæddeløbet kunne dommeren ikke offentliggøre resultatet.
There is a bicycle race at the park today.
Der er cykelløb i parken i dag.
This fitness program is expensive.
Dette fitnessprogram er dyrt.
It's healthy to go to the gym every day.
Det er sundt at gå i fitnesscenter hver dag.
Weightlifting is good exercise.
Vægtløftning er god motion.
I want to run on the track today.
Jeg vil løbe på banen i dag.
I like to win in billiards.
Jeg kan godt lide at vinde i billard.
Skateboarding is forbidden here.
Her er skateboarding forbudt.

OUTDOOR ACTIVITIES - UDENDØRS AKTIVITETER

Hiking - Vandring
Hiking trail - Vandresti
Pocket knife - Lommekniv
Compass - Kompas
Camping - Camping/ **A camp** - En lejr
Campground - Campingplads **Tent** - Telt
RV - Autocamper
Campfire - Lejrbål/ **Matches** - Tændstikker/ **Lighter** - Lighter
Coal - Kul / **Flame** - Flamme / **The smoke** - Røgen
Fishing - Fiskeri/ **To fish** - At fiske
Fishing pole - Fiskestang/ **Fishing line** - Fiskesnøre
Hook - Krog/ **A float** - En flyder / **A weight** - En vægt / **Bait** - Lokkemad
Fishing net - Fiskenet
To hunt - At jage
Rifle - Rifle

I enjoy hiking on the trail, with my compass and my pocketknife.
Jeg nyder at vandre på stien med mit kompas og min lommekniv.
Don't forget the water bottle in your backpack.
Glem ikke vandflasken i din rygsæk.
There aren't any tents at the campground.
Der er ingen telte på campingpladsen.
I want to sleep in an RV instead of a tent.
Jeg vil gerne sove i en autocamper i stedet for et telt.
We can use a lighter to start a campfire.
Vi kan bruge en lighter til at starte et lejrbål.
We need coal and matches for the trip.
Vi skal bruge kul og tændstikker til turen.
Put out the fire because the flames are very high and there is a lot of smoke.
Sluk ilden, fordi flammerne er meget høje, og der er meget røg.
There is fog outside and the temperature is below freezing.
Der er tåge udenfor, og temperaturen er under frysepunktet.
Where is the fishing store? I need to buy hooks, fishing line, bait, and a net.
Hvor er fiskebutikken? Jeg skal købe kroge, fiskesnøre, madding og et net.
You can't bring your fishing pole or your hunting rifle to the campground of the State Park because there is a sign there which says, "No fishing and no hunting."
Du kan ikke medbringe din fiskestang eller din jagtriffel til lejrpladsen i State Park, fordi der er et skilt der, som siger: "Ingen fiskeri og ingen jagt."

Sailing - Sejlads
A sail - Et sejl
Sailboat - Sejlbåd
Rowing - Roning
A paddle - En pagaj
Motor - Motor
Canoe - Kano
Kayak - Kajak
Rock climbing - Klippeklatring
Horseback riding - Ridning
Diver - Dykker
Scuba diving - Dykning
Skydiving - Faldskærmsudspring
Parachute - Faldskærm
Paragliding - Paragliding
Hot air balloon - Varmluftballon
Kite - Drage
Surfing - surfing / **Surf board** - Surfbræt
Ice skating - Skøjteløb/ **Skiing** - Skiløb

With a broken motor, we need a paddle to row the boat.
Med en ødelagt motor skal vi have en pagaj for at ro båden.
It's important to know how to use a sail before sailing on a sailboat.
Det er vigtigt at vide hvordan man bruger et sejl, før man sejler på en sejlbåd.
In my opinion, a kayak is much more fun than a canoe.
Efter min mening er en kajak meget sjovere end en kano.
Do I need to bring my scuba certification in order to scuba dive at the coral reef?
Skal jeg medbringe mit scuba-certifikat for at dykke ved koralrevet?
I have my mask, snorkel, and fins.
Jeg har min maske, snorkel og finner.
I don't know which is scarier, sky diving or paragliding.
Jeg ved ikke hvad der er mere skræmmende, skydiving eller paragliding.
There are several outdoor activities here including rock climbing and horseback riding.
Der er flere udendørs aktiviteter her, herunder klatring og ridning.
My dream was always to fly in a hot-air balloon.
Min drøm var altid at flyve i en luftballon.
We are going skiing on our next vacation.
Vi skal på ski på vores næste ferie.
Where is the surfboard? I want to surf the waves at the beach.
Hvor er surfbrættet? Jeg vil surfe på bølgerne ved stranden.
Ice skating is fun.
Skøjteløb er sjovt.

ELECTRICAL DEVICES - ELEKTRISKE ENHEDER

Electronic - Elektronisk/ **Electricity** - Elektricitet
Appliance - Apparat
Oven - Ovn
Stove - Komfur
Microwave - Mikroovn
Refrigerator - Køleskab/ **Freezer** - Fryser
Coffee maker - Kaffemaskine/ **Coffee pot**- Kaffekande
Toaster - Brødrister
Dishwasher - Opvaskemaskine
Laundry machine - Vaskemaskine/ **Laundry** - Tøjvask
Dryer - Tørretumbler
Fan - Ventilator/ **Air condition** - Aircondition
Alarm - Alarm
Smoke detector - Røgalarm
Battery - Batteri

He needs to pay his electric bill if he wants electricity.
Han skal betale sin elregning, hvis han vil have strøm.
I want to purchase a few things at the electronic appliance store.
Jeg vil gerne købe et par ting i elektronikbutikken.
I can't put plastic utensils in the dishwasher.
Jeg kan ikke putte plastikredskaber i opvaskemaskinen.
I am going to get rid of my microwave and oven because they are not functioning.
Jeg skal af med min mikroovn og ovn, fordi de ikke fungerer.
The refrigerator and freezer aren't cold enough.
Køleskabet og fryseren er ikke kolde nok.
The coffee maker and toaster are in the kitchen.
Kaffemaskinen og brødristeren er i køkkenet.
My washing machine and dryer do not function therefore I must wash my laundry at the public laundromat.
Min vaskemaskine og tørretumbler fungerer ikke, derfor skal jeg vaske mit vasketøj på det offentlige vaskeri.
Is this fan new?
Er denne ventilator ny?
Unfortunately, the new air conditioner unit hasn't been delivered yet.
Desværre er det nye klimaanlæg endnu ikke leveret.
Is that annoying sound the alarm clock or the fire alarm?
Er den irriterende lyd vækkeuret eller brandalarmen?
The smoke detector needs new batteries.
Røgalarmen trænger til nye batterier.

Lamp - Lampe
Stereo - Anlæg
A clock / A watch - Et ur
Vacuum cleaner - Støvsuger
Phone - Telefon/ **Text message** - SMS/**Voice message** - Stemmebesked
Camera - Kamera
Flashlight - Lommelygte/ **Light** - Lys
Furnace - Ovn/ **Heater** - Varmeapparat
Cord - Snor/ **Charger** - Oplader/ **Outlet** - Udtag
Headsets - Headsets
Door bell - Dørklokke
Lawn mower - Plæneklipper

The clock is hanging on the wall.
Uret hænger på væggen.
The cordless stereo is on the table.
Det trådløse stereoanlæg står på bordet.
I still have a home telephone.
Jeg har stadig en hjemmetelefon.
I need to buy a lamp and a vacuum cleaner today.
Jeg skal købe en lampe og en støvsuger i dag.
In the past, cameras were more common. Today, everyone can use their phones to take pictures.
Før i tiden var kameraer mere almindelige. I dag kan alle bruge deres telefoner til at tage billeder.
You can leave me a voice message or send me a text message.
Du kan efterlade mig en telefonsvarerbesked eller sende mig en sms.
The lights don't function when there is a blackout therefore I must rely on my flashlight.
Lysene fungerer ikke, når der er strømsvigt, derfor må jeg stole på min lommelygte.
I can't hear the doorbell.
Jeg kan ikke høre dørklokken.
There is a higher risk of causing a house fire from an electric heater than a furnace.
Der er en højere risiko for at forårsage en husbrand fra en elvarmer end en ovn.
I need to connect the cord to the outlet.
Jeg skal tilslutte ledningen til stikkontakten.
His lawnmower is very noisy.
Hans plæneklipper larmer meget.
Why is my headset on the floor?
Hvorfor ligger mit headset på gulvet?

TOOLS - VÆRKTØJ

Toolbox - Værktøjskasse
Carpenter - Tømrer
Hammer - Hammer
Saw - Sav/ **Axe** - Økse
A drill - En boremaskine / **To drill** - At bore
Nails - Søm/ **A screw** - En skrue
Screwdriver - Skruetrækker/ **A wrench** - En skruenøgle/ **Pliers** - Tang
Paint brush - Pensel/ **To paint** - At male/ **The paint** - Malingen
Ladder - Stige
Rope - Reb/ **String** - Snor
A scale - En vægt / **Measuring tape** - Målebånd
Machine - Maskine
A lock - En lås / **Locked** - Låst/ **To lock** - At låse
Equipment - Udstyr
Metal - Metal/ **Steel** - Stål/ **Iron** - Jern
Broom - Kost/ **Dust pan** - Fejebakke
Mop - Moppe / **Bucket** - Spand/ **Sponge** - Svamp
Shovel - Skovl/ **A trowel** - En murske

The carpenter needs nails, a hammer, a saw, and a drill.
Tømreren har brug for søm, en hammer, en sav og en boremaskine.
The string is very long. Where are the scissors?
Snoren er meget lang. Hvor er saksen?
The screwdriver is in the toolbox.
Skruetrækkeren er i værktøjskassen.
This tool can cut through metal.
Dette værktøj kan skære gennem metal.
The ladder is next to the tools.
Stigen er ved siden af værktøjet.
I must buy a brush to paint the walls.
Jeg skal købe en pensel til at male væggene.
The paint bucket is empty.
Malerspanden er tom.
It's better to tie the shovel with a rope in my pick-up truck.
Det er bedre at binde skovlen med et reb i min pick-up truck.
How can I fix this machine?
Hvordan kan jeg reparere denne maskine?
The broom and dust pan are with the rest of my cleaning equipment.
Kosten og fejebakken er med resten af mit rengøringsudstyr.
Where did you put the mop and the bucket?
Hvor har du stillet moppen og spanden?

CAR - BIL

Engine - Motor
Ignition - Tænding
Steering wheel - Rat
Automatic - Automatisk
Manual - Manual / **Gear shift** - Gearskifte
Seat - Sæde
Seat belt - Sikkerhedssele
Airbag - Airbag
Brakes - Bremser
Handbrake - Håndbremse
Baby seat - Babysæde
Driver seat - Førersæde
Passenger seat - Passagersæde
Front seat - Forsæde
Back seat - Bagsæde
Car passenger - Bilpassager
Warning light - Advarselslampe
Button - Knap/ **Horn** (of the car) - Bilhorn

When driving, both hands must be on the steering wheel.
Ved kørsel skal begge hænder være på rattet.
I must take my car to my mechanic because there is a problem with the ignition.
Jeg skal tage min bil til min mekaniker, fordi der er et problem med tændingen.
What happened to the engine?
Hvad skete der med motoren?
The seat is missing a seat belt.
Sædet mangler en sikkerhedssele.
I prefer a gear shift instead of an automatic car.
Jeg foretrækker et gearskifte i stedet for en automatisk bil.
The brakes are new in this vehicle
Bremserne er nye i denne bil
This vehicle doesn't have a handbrake.
Dette køretøj har ikke håndbremse.
There is an airbag on both the driver side and the passenger side.
Der er airbag i både førersiden og passagersiden.
The baby seat is in the back seat.
Babysædet er på bagsædet.
The warning light button is located next to the stirring wheel.
Advarselslampe knappen er placeret ved siden af rattet.

Windshield - Forrude
Windshield wiper - Vinduesvisker
Windshield fluid - Sprinklervæske
Rear view mirror - Bakspejl
Side mirror - Sidespejl
Door handle - Dørhåndtag
Spare tire - Reservedæk
Trunk - Bagagerum
Hood (of the vehicle) - Motorhjelm
Alarm - Alarm
Window - Vindue
Drive license - Kørekort
License plate - Nummerplade
Gasoline - Benzin
Low fuel - Lavt brændstof
Flat tire - Fladt dæk
Crowbar - Koben
A (car) jack - Et stik
Wrench - Skruenøgle

The windshield and all four of my car windows are cracked.
Forruden og alle mine fire bilruder er revnet.
I want to clean my rear-view mirror and my side mirrors.
Jeg vil gerne rense mit bakspejl og mine sidespejle.
My car doesn't have an alarm.
Min bil har ingen alarm.
Does this car have a spare tire in the trunk?
Har denne bil et reservedæk i bagagerummet?
Please, close the car door.
Luk venligst bildøren.
Where is the nearest gas station?
Hvor er den nærmeste tankstation?
The windshield wipers are new.
Vinduesviskerne er nye.
The door handle on the driver's side doesn't function.
Dørhåndtaget i førersiden fungerer ikke.
Your license plate has expired.
Din nummerplade er udløbet.
I want to renew my driving license today.
Jeg vil gerne forny mit kørekort i dag.
Are the car doors locked?
Er bildørene låst?

NATURE - NATUR

A plant - En plante
Forest - Skov
Tree - Træ
Trunk - Stamme/ **Branch** - Gren/ **Leaf** - Blad/ **Roots** - Rødderne
Flower - Blomst / **Petal** - Kronblad
Blossom - Blomst
Stem - Stængel/ **Seed** - Frø
Rose - Rose
Nectar - Nektar/ **Pollen** - Pollen
Vegetation - Vegetation/ **Bush** - Buske/ **Grass** - Græs
Rain forest - Regnskov/ **Tropical** - Tropisk
Palm tree - Palme
Season - Sæson / **Spring** - Forår / **Summer** - Sommer
Winter - Vinter/ **Autumn** - Efterår

I want to collect a few leaves during the fall.
Jeg vil gerne samle et par blade i løbet af efteråret.
There aren't any plants in the desert during this season.
Der er ingen planter i ørkenen i denne sæson.
The trees need rain.
Træerne trænger til regn.
The trunk, the branches, and the roots are all parts of the tree.
Stammen, grenene og rødderne er alle dele af træet.
My rose bushes are beautiful.
Mine rosenbuske er smukke.
Where can I plant the seeds?
Hvor kan jeg plante frøene?
I must trim the grass and vegetation in my garden.
Jeg skal trimme græsset og vegetationen i min have.
The rain forest is a nature preserve.
Regnskoven er et naturreservat.
Palm trees can only grow in a tropical climate.
Palmer kan kun vokse i et tropisk klima.
I am allergic to pollen.
Jeg er allergisk over for pollen.
The orchid needs to bloom because I want to see its beautiful petals.
Orkideen skal blomstre, for jeg vil se dens smukke kronblade.
Is the nectar from the flower sweet?
Er nektaren fra blomsten sød?
Be careful because the plant stem can break very easily.
Vær forsigtig, fordi plante stænglen kan meget let knække.

Lake - Sø
Sea - Hav
Ocean - Ocean
Waterfall - Vandfald
River - Flod/ **Canal** - Kanal/ **Swamp** - Sump
Mountain - Bjerg/ **Hill** - Bakke
Rainbow - Regnbue
Cloud - Sky / **Lightning** - Lyn/ **Thunder** - Torden
Rain - Regn/ **Snow** - Sne
Ice - Is/ **Hail** - Hagl
Fog - Tåge
Wind - Vind/ **Air** - Luft
Dew - Dug
Sunset - Solnedgang/ **Sunrise** - Solopgang

There is a rainbow above the waterfall.
Der er en regnbue over vandfaldet.
The ocean is bigger than the sea.
Oceanet er større end havet.
From the mountain, I can see the river.
Fra bjerget kan jeg se floden.
Today we hope to see snow.
I dag håber vi at se sne.
There aren't any clouds in the sky.
Der er ingen skyer på himlen.
I see the lightning from my window.
Jeg ser lynet fra mit vindue.
I can hear the thunder from outside.
Jeg kan høre tordenen udefra.
I want to see the sunset from the hill.
Jeg vil se solnedgangen fra bakken.
The lake has a shallow part and a deep part.
Søen har en lavvandet del og en dyb del.
I don't like the wind.
Jeg kan ikke lide vinden.
The air on the mountain is very clear.
Luften på bjerget er meget klar.
Every dawn, there is dew on the leaves of my plants.
Ved hvert daggry er der dug på bladene af mine planter.
Is this ice or hail?
Er dette is eller hagl?
I can see the volcano.
Jeg kan se vulkanen.

Sky - Himmel
World - Verden/ **Earth** - Jorden
Sun - Sol/ **Moon** - Månen/ **Crescent** - Halvmåne/ **Full moon** - Fuldmåne
Star - Stjerne/ **Planet** - Planet
Fire - Brand/ **Heat** - Varme/ **Humidity** - Fugtighed
Agriculture - Landbrug
Island - Øen
Cave - Hule
Public park - Offentlig park/ **National park** - Nationalpark
Rock - Klippe/ **Stone** - Sten
Ground - Jord / **Soil** - Jord
Sea shore - Kyst/ **Seashell** - Muslingeskal
Dawn - Daggry / **Ray** - Stråle
Dry - Tør/ **Wet** - Våd
Deep - Dybt/ **Shallow** - Lavvandet
Weeds - Ukrudt
A stick - En pind
Dust - Støv

The moon and the stars are beautiful in the night sky.
Månen og stjernerne er smukke på nattehimlen.
The earth is a planet.
Jorden er en planet.
The heat today is unbearable.
Varmen i dag er uudholdelig.
At the beach there is fresh air.
Ved stranden er der frisk luft.
I want to sail to the island to see the sunrise.
Jeg vil sejle til øen for at se solopgangen.
Parts of the cave are dry and other parts are wet.
Dele af hulen er tørre, og andre dele er våde.
We live in a beautiful world.
Vi lever i en smuk verden.
There is dust from the fire in the park.
Der er støv fra ilden i parken.
I want to collect seashells from the seashore.
Jeg vil samle muslingeskaller fra kysten.
There are too many stones in the soil so it's impossible to use this area for agricultural purposes.
Der er for mange sten i jorden, så det er umuligt at bruge dette område til landbrugsformål.
Why are there so many weeds growing by the swamp?
Hvorfor vokser der så meget ukrudt ved sumpen?

ANIMAL - DYR

Pet - Kæledyr
Mammals - Pattedyr
Dog - Hund/ **Cat** - Kat
Parrot - Papegøje
Pigeon - Due
Pig - Gris
Sheep - Får
Cow - Ko/ **Bull** - Tyr
Donkey - Æsel/ **Horse** - Hest
Camel - Kamel
Rodent - Gnaver
Mouse - Mus/ **Rat** - Rotte
Rabbit - Kanin/ **Hamster** - Hamster
Duck - And/ **Goose** - Gås
Turkey - Kalkun/ **Chicken** - Kylling/ **Poultry** - Fjerkræ
Squirrel - Egern

I have a dog and two cats.
Jeg har en hund og to katte.
There is a bird on the tree.
Der er en fugl på træet.
I want to go to the zoo to see the animals.
Jeg vil i zoologisk have for at se dyrene.
My daughter wants a pet horse.
Min datter vil have en kælehest.
A pig, a sheep, a donkey, and a cow are considered farm animals.
En gris, et får, et æsel og en ko betragtes som husdyr.
I want a hamster as a pet.
Jeg vil have en hamster som kæledyr.
A camel is a desert animal.
En kamel er et ørkendyr.
Can I put ducks, geese, and turkeys inside my coop?
Kan jeg putte ænder, gæs og kalkuner i mit hønsehus?
We have rabbits and squirrels in our yard.
Vi har kaniner og egern i vores have.
It's cruel to keep a parrot inside a cage.
Det er grusomt at holde en papegøje inde i et bur.
There are many pigeons in the city.
Der er mange duer i byen.
Mice and rats are rodents.
Mus og rotter er gnavere.

Lion - Løve
Hyena - Hyæne
Leopard - Leopard / **Cheetah** - Gepard / **Panther** - Panter
Elephant - Elefant
Rhinoceros - Næsehorn
Hippopotamus - Flodhest
Bat - Flagermus
Fox - Ræv / **Wolf** - Ulv
Weasel - Væsel
Bear - Bjørn
Tiger - Tiger
Deer - Hjort
Monkey - Abe
Otter - Odder
Marsupial - Pungdyr

There are a lot of animals in the forest.
Der er mange dyr i skoven.
The most dangerous animal in Africa is not the lion, it's the hippopotamus.
Det farligste dyr i Afrika er ikke løven, det er flodhesten.
A wolf is much bigger than a fox.
En ulv er meget større end en ræv.
Are there bears in this forest?
Er der bjørne i denne skov?
Bats are the only mammals that can fly.
Flagermus er de eneste pattedyr, der kan flyve.
It's usually very difficult to see a leopard in the wild.
Det er normalt meget svært at se en leopard i naturen.
Cheetahs are common in certain regions of Africa and rare in others.
Geparder er almindelige i visse regioner i Afrika og sjældne i andre.
Elephants and rhinoceroses are known as very aggressive animals.
Elefanter og næsehorn er kendt som meget aggressive dyr.
I saw a hyena and a panther at the safari yesterday.
Jeg så en hyæne og en panter på safari i går.
The largest member of the cat family is the tiger.
Det største medlem af kattefamilien er tigeren.
Deer hunting is forbidden in the national park.
Hjortejagt er forbudt i nationalparken.
There are many monkeys on the branches of the trees.
Der er mange aber på grenene af træerne.
An opossum isn't a rat but it's a marsupial just like the kangaroo.
En pungrotte er ikke en rotte, men det er et pungdyr ligesom kænguruen.

Bird - Fugl
Crow - Krage
Stork - Stork
Vulture - Grib/ **Eagle** - Ørn / **Owl** - Ugle
Peacock - Påfugl
Reptile - Reptil
Turtle - Skildpadde
Snake - Slange/ **Lizard** - Firben/ **Crocodile** - Krokodille
Frog - Frø
Seal - Segl
Whale - Hval/ **Dolphin** - Delfin
Fish - Fisk
Shark - Haj
Wing - Vinge/ **Feather** - Fjer
Tail - Hale
Fur - Pels
Scales - Vægt
Fins - Finner
Horns - Horn
Claws - Kløer

An eagle and an owl are birds of prey however vultures are scavengers.
En ørn og en ugle er rovfugle, men gribbe er ådselædere.
Crows are very smart.
Krager er meget kloge.
I want to see the stork migration in Europe.
Jeg vil se storkevandringen i Europa.
Don't buy a fur coat!
Køb ikke en pelsfrakke!
Butterflies and peacocks are colorful.
Sommerfugle og påfugle er farverige.
Some snakes are poisonous.
Nogle slanger er giftige.
Is that the sound of a cricket or a frog?
Er det lyden af en fårekylling eller en frø?
Lizards, crocodiles, and turtles belong to the reptile family.
Firben, krokodiller og skildpadder tilhører krybdyrfamilien.
I want to see the fish in the lake.
Jeg vil se fiskene i søen.
There were a lot of seals basking on the beach last week.
Der var mange sæler, der solede sig på stranden i sidste uge.
A whale is not a fish.
En hval er ikke en fisk.

Insect - Insekt
A cricket - En fårekylling
Ant - Myre/ **Termite** - Termit
A fly - En flue
Butterfly - Sommerfugl
Worm - orm
Mosquito - Myg/ **Flea** - Loppe/ **Lice** - Lus
Beetle - Bille / **A roach** - En kakerlak
Bee - Bi
Spider - Edderkop/ **Scorpion** - Skorpion
Snail - Snegl
Invertebrates - Hvirvelløse dyr
Shrimps - Rejer/ **Clams** - Muslinger/ **Crab** - Krabbe
Octopus - Blæksprutte
Starfish - Søstjerne
Jellyfish - Vandmænd

An octopus has eight tentacles.
En blæksprutte har otte tentakler.
A jellyfish is a common dish in Asian culture.
En vandmand er en almindelig ret i asiatisk kultur.
The museum has a large collection of invertebrate fossils.
Museet har en stor samling af hvirvelløse fossiler.
I want to buy mosquito spray.
Jeg vil gerne købe myggespray.
I need antiseptic for my bug bites.
Jeg har brug for et antiseptisk middel til mine insektbid.
I hope there aren't any worms, ants, or flies in the bag of sugar.
Jeg håber, at der ikke er nogen orme, myrer eller fluer i posen med sukker.
I have crabs and starfish in my aquarium.
Jeg har krabber og søstjerner i mit akvarium.
Certain types of spiders and scorpions can be dangerous.
Visse typer edderkopper og skorpioner kan være farlige.
I need to call the exterminator because there are fleas, roaches, and termites in my house.
Jeg er nødt til at ringe til skadedyrsbekæmperen, fordi der er lopper, kakerlakker og termitter i mit hus.
Bees are very important for the environment.
Bier er meget vigtige for miljøet.
Is there a snail inside the shell?
Er der en snegl inde i skallen?
Beetles are my favorite insects.
Biller er mine yndlingsinsekter.

RELIGION, CELEBRATIONS, & CUSTOMS
RELIGION, FEIERN & BRÄUCHEN

God - Gud / **Old Testament** - Det Gamle Testamente
Bible - Bibel / **New Testament** - Ny Testamente
Garden of Eden - Edens Have/ **Heaven** - Himlen
Adam - Adam / **Eve** - Eva / **Angels** - Engle/ **Noah** - Noa/ **Ark** - Ark
Priest - Præst / **To pray** - At bede / **Prayer** - Bøn
Blessing - Velsignelse/ **To bless** - At velsigne / **Holy** - Hellig/ **Faith** - Tro
Moses - Moses/ **Prophet** - Profet/ **Messiah** - Messias/ **Miracle** - Mirakel
Ten commandments - Ti bud
The five books of Moses - De fem Mosebøger
Genesis - Første Mosebog/ **Exodus** - Anden Mosebog
Leviticus - Tredje Mosebog
Numbers - Fjerde Mosebog/ **Deuteronomy** - Femte Mosebog

What is your religion?
Hvad er din religion?
Many religions use the bible.
Mange religioner bruger Bibelen.
We have faith in miracles.
Vi har tiltro på mirakler.
The angels came from heaven.
Englene kom fra himlen.
Aaron, the brother of Moses, was the first priest.
Aron, Moses' bror, var den første præst.
The story of Noah's Ark and the flood is very interesting.
Historien om Noas ark og syndfloden er meget interessant.
Adam and Eve were the first humans and they lived in the Garden of Eden.
Adam og Eva var de første mennesker, og de boede i Edens have.
Moses had to climb up on Mount Sinai to receive the Ten Commandments from God.
Moses var nødt til at klatre op på Sinaj-bjerget for at modtage de ti bud fra Gud.
The Five Books of the Moses are Genesis, Exodus, Leviticus, Numbers, and Deuteronomy.
De fem Mosebøger er Første Mosebog, Anden Mosebog, Tredje Mosebog, Fjerde Mosebog og Femte Mosebog.
Moses was considered as the prophet of all prophets.
Moses blev betragtet som alle profeters profet.
My favorite book of the bible is the Book of Prophets.
Min yndlingsbog i Bibelen er Profeternes Bog.

The Christian Religion - Den kristne religion
Church - Kirke
Cathedral - Katedral
Catholic - Katolsk
Christian - Kristen
Christianity - Kristendom
Catholicism - Katolicisme
Jesus - Jesus
A cross - Et kors
Priest - Præst
Holy - Hellig/ **Holy water** - Vievand
To sin - At synde/ **A sin** - En synd
Monastery - Kloster
Christmas - Jul / **Christmas eve** - Juleaften
Christmas tree - Juletræ
New Year - Nytår
Merry Christmas - Glædelig jul
Easter - Påske
Saint - Helgen/ **Nun** - Nonne/ **Chapel** - Kapel

The church is open today.
Kirken er åben i dag.
Christians love to celebrate Christmas.
Kristne elsker at fejre jul.
Is it possible to turn on the lights on my Christmas tree for Christmas Eve?
Er det muligt at tænde lyset på mit juletræ til juleaften?
Two more weeks until Easter.
To uger til påske.
The nuns live in the monastery.
Nonnerne bor i klostret.
The priest read a psalm from the Bible in front of the congregation.
Præsten læste en salme fra Bibelen foran menigheden.
I went to pray in the cathedral.
Jeg gik hen for at bede i katedralen.
Happy holiday and Happy New Year to all my friends and family.
God ferie og godt nytår til alle mine venner og familie.
The priest baptized the baby in the holy water.
Præsten døbte barnet i vievandet.
The devil and the demons are from hell.
Djævelen og dæmonerne er fra helvede.
Many schools refuse to teach evolution.
Mange skoler nægter at undervise i evolution.

Jew - Jøde
Judaism - Jødedom
Passover - Påske
Kosher - Kosher
Synagogue - Synagoge
Goblet - Pokal
Wine - Vin
Religious - Religiøs
Monotheism - Monoteisme
Islam - Islam
Muslim - Muslim
Mohammed - Mohammed
Mosque - Moske
Hindu - Hindu/ **Buddhist** - Buddhist
Temple - Tempel

The Jews worship at the synagogue.
Jøderne tilbeder i synagogen.
The Bible is a holy book which tells the story of the Jewish nations and includes many miracles.
Bibelen er en hellig bog, som fortæller historien om de jødiske nationer og indeholder mange mirakler.
In Judaism, they pray three times a day. Morning prayer, afternoon prayer, and evening prayer.
I jødedommen beder de tre gange om dagen. Morgenbøn, eftermiddagsbøn og aftenbøn.
The three forefathers are Abraham, Isaac, and Jacob.
De tre forfædre er Abraham, Isak og Jakob.
To learn about the Holocaust and the concentration camps is very important.
At lære om Holocaust og koncentrationslejrene er meget vigtigt.
Both the Hindu and Buddhist religion practice yoga, meditation and mantra.
Både den hinduistiske og den buddhistiske religion praktiserer yoga, meditation og mantra.
Muslims worship at the mosque.
Muslimer tilbeder i moskeen.
In Islam you must pray five times a day.
I islam skal du bede fem gange om dagen.
When do I need to say the blessing?
Hvornår skal jeg sige velsignelsen?
I must say a prayer for the holiday.
Jeg må bede en bøn for højtiden.

WEDDING AND RELATIONSHIP - BRYLLUP OG FORHOLD

Wedding - Bryllup
Wedding hall - Bryllupssal
Married - Gift
Civil wedding - Borgerligt bryllup
Bride - Brud
Groom - Gom
Ceremony - Ceremoni
Reception hall - Receptionssal
Chapel - Kapel
Engagement - Forlovelse
Engagement ring - Forlovelsesring
Wedding ring - Vielsesring
Anniversary - Jubilæum
Honeymoon - Bryllupsrejse
Fiancé - Forlovede
Husband - Mand
Wife - Kone

When is the wedding?
Hvornår er brylluppet?
We are having the service in the chapel and the reception in the wedding hall.
Vi holder gudstjeneste i kapellet og reception i bryllupssalen.
Our anniversary is on Valentine's Day.
Vores jubilæum er på Valentinsdag.
This is my engagement ring and this is my wedding ring.
Dette er min forlovelsesring, og dette er min vielsesring.
They are finally married so now it's time for the honeymoon.
De er endelig blevet gift, så nu er det tid til bryllupsrejsen.
He decided to propose to his girlfriend. She said "yes" and now they are engaged.
Han besluttede sig for at fri til sin kæreste. Hun sagde "ja", og nu er de forlovet.
He is my fiancé now. Next year he will be my husband.
Han er min forlovede nu. Næste år bliver han min mand.
Three civil weddings are taking place at the courthouse today.
Tre borgerlige vielser finder sted i retsbygningen i dag.
The bride and groom received many presents.
Brudeparret fik mange gaver.

Valentine day - Valentinsdag
Love - Kærlighed
To love - At elske
In love - Forelsket
Romantic - Romantisk
Darling - Skat
A date - En date
A relationship - Et forhold
Boyfriend - Kæreste
Girlfriend - Kæreste
To hug - At kramme
A hug - Et kram
To kiss - At kysse
A kiss - Et kys
Single - Single
Divorced - Fraskilt
Widow - Enke

I am in love with her.
Jeg er forelsket i hende.
I love her.
Jeg elsker hende.
I love him.
Jeg elsker ham.
I love you.
Jeg elsker dig.
You are very romantic.
Du er meget romantisk.
They have a very good relationship.
De har et meget godt forhold.
The husband and wife are happily married.
Manden og konen er lykkeligt gift.
I am single because I divorced my wife.
Jeg er single, fordi jeg blev skilt fra min kone.
She is my darling and my love.
Hun er min skat og min kærlighed.
I want to kiss you and hug you in this picture.
Jeg vil kysse dig og kramme dig på dette billede.

POLITICS - POLITIK

Flag - Flag
National anthem - Nationalsang
Nation - Nation
National - Nationale
International - International
Local - Lokalt
Patriot - Patriot
Symbol - Symbol
Peace - Fred
Treaty - Traktat
State - Stat
Country - Land
County - Amt
Century - århundrede
Socialism - Socialisme
Communism - Kommunisme
Legal - Juridisk
Rebels - Rebeller
Military coup - Militærkup

This is a political movement which is supported by the majority.
Dette er en politisk bevægelse, som støttes af flertallet.
This flag is the national symbol of the country.
Dette flag er landets nationale symbol.
This is all politics.
Dette er alt sammen politik.
There is a difference between state law and local law.
Der er forskel på statslovgivning og lokal lovgivning.
He is a patriot of the nation.
Han er en patriot af nationen.
Most countries have a national anthem.
De fleste lande har en nationalsang.
This is a political campaign to demand independence.
Dette er en politisk kampagne for at kræve uafhængighed.
Communism and socialism were popular in the 19th century.
Kommunisme og socialisme var populære i det 19. århundrede.
In which county is this legal?
I hvilket amt er dette lovligt?
According to the government, the rebels carried out an illegal military coup.
Ifølge regeringen gennemførte oprørerne et ulovligt militærkup.

Legal - Juridisk
Law - Lov
Illegal - Ulovlig
International law - International ret
Human rights - Menneskerettigheder
Punishment - Straf
Torture - Tortur
Execution (to kill) - Henrettelse
Spy - Spion
Amnesty - Amnesti
Political asylum - Politisk asyl
Republic - Republik
Dictator - Diktator
Citizen - Borger
Resident - Beboer
Immigrant - Indvandrer
Public - Offentlig
Private - Privat
Racism - Racisme
Government - Regering
Revolution - Revolution
Civilian - Civil
A civilian - En civil
Population - Befolkning
Treason - Forræderi

There were many protests and riots today.
Der var mange protester og optøjer i dag.
The civilian population wanted a revolution.
Civilbefolkningen ønskede en revolution.
The politicians want to ask the president to give the captured spy amnesty.
Politikerne vil bede præsidenten om at give den fangne spion amnesti.
Although he was the brutal dictator of the republic, in private he was a nice person.
Selvom han var republikkens brutale diktator, var han privat et rart menneske.
In some countries torture and execution is a common form of legitimate punishment.
I nogle lande er tortur og henrettelse en almindelig form for lovlig straf.
This is a violation of human rights and international law.
Dette er en krænkelse af menneskerettighederne og international lov.

President - Præsident
Statement - Erklæring
Presidential - Præsident
Vice president - Vicepræsident
Defense minister - Forsvarsminister
Interior minister - Indenrigsminister
Exterior minister - Udenrigsminister
Prime minister - Premierminister
Election - Valg
Poll - Afstemning
Campaign - Kampagne
Candidate - Kandidat
Democracy - Demokrati
Movement - Bevægelse
Politician - Politiker
Politics - Politik
To vote - At stemme
Majority - Flertal
Independence - Uafhængighed
Party - Fest
Veto - Veto
Impeachment - Rigsretssag
Convoy - Konvoj

They want to appoint him as defense minister.
De vil udnævne ham til forsvarsminister.
Both parties want to veto the impeachment inquiry.
Begge parter ønsker at nedlægge veto mod rigsretsundersøgelsen.
I want to see the presidential convoy.
Jeg vil gerne se præsidentkonvojen.
In some countries other than the United States, they have a prime minister, interior minister, and exterior minister.
I nogle andre lande end USA har de en premierminister, indenrigsminister og udenrigsminister.
I want to meet the president and the vice president.
Jeg vil gerne møde præsidenten og vicepræsidenten.
I want to go to the election polls to vote for the new candidate.
Jeg vil gå til valgurnerne for at stemme på den nye kandidat.
We support democracy and are against fascism and racism.
Vi støtter demokratiet og er imod fascisme og racisme.
They must impose sanctions against that country.
De skal indføre sanktioner mod det land.

United Nations – Forenede Nationer
Condemnation - Fordømmelse
United States - USA
European Union - Den Europæiske Union
Military coup - Militærkup
Treason - Forræderi
Fascism - Fascisme
Resistance - Modstand
Members - Medlemmer
Captured - Fanget
To capture - At fange
Ambassador - Ambassadør
Embassy - Ambassade
Consulate - Konsulat
Biased - Forudindtaget
Unilateral - Ensidig
Bilateral - Bilateralt
Resolution - Opløsning
Rebels - Rebeller
Sanctions - Sanktioner

All the members of the resistance were accused of treason and had to ask for political asylum.
Alle modstandsmedlemmerne blev anklaget for forræderi og måtte anmode om politisk asyl.
The resolution is biased.
Opløsningen er partisk.
This was an official condemnation.
Dette var en officiel fordømmelse.
The United Nations is located in New York.
De Forenede Nationer ligger i New York.
I am a United States citizen and a resident of the European Union.
Jeg er amerikansk statsborger og bosiddende i EU.
The ambassador's residence is located near the embassy.
Ambassadørens bolig ligger i nærheden af ambassaden.
I need the phone number and address of the consulate.
Jeg skal bruge telefonnummeret og adressen på konsulatet.
Are consular services available today?
Er konsulære tjenester tilgængelige i dag?
The international peace treaty needs to include both sides.
Den internationale fredsaftale skal omfatte begge sider.

MILITARY - MILITÆR

Army - Hæren
Armed forces - Væbnede styrker
War - Krig
Navy - Søværnet
Soldier - Soldat
A force - En kraft / **Ground forces** - Landstyrker
To win - At vinde / **To surrender** - At overgive sig
Base - Base/ **Headquarter** - Hovedkvarter/ **Intelligence** - Efterretning
Ranks - Rang/ **Sergeant** - Sergent/ **Lieutenant** - Løjtnant
The general – Generalen / **Commander** - Kommandør/ **Colonel** - Oberst
Chief of Staff - Stabschef
Enlistment - Indmeldelse
Reserves - Reserver
Terrorism - Terrorisme/ **Terrorist** - Terrorist/ **Insurgency** - Oprør
Border crossing - Grænseovergang
Refugee - Flygtning
Camp - Lejr

I want to enlist in the military.
Jeg vil melde mig til militæret.
This base is designated for military aircraft only.
Denne base er kun beregnet til militærfly.
That is the headquarters of the enemy.
Det er fjendens hovedkvarter.
This country has a powerful airforce.
Dette land har et magtfuldt luftvåben.
They need to enlist reserve forces for the war.
De skal hverve reservestyrker til krigen.
Welcome to the border crossing.
Velkommen til grænseovergangen.
Military intelligence relies on important sources of information.
Militær efterretning er afhængig af vigtige informationskilder.
The chief of staff was the target of a failed assassination attempt.
Stabschefen var målet for et mislykket attentat.
The sniper killed the highest-ranking lieutenant.
Snigskytten dræbte den højest rangerende løjtnant.
The terrorist group claimed responsibility for the car-bomb attack at the refugee camp.
Terrorgruppen tog ansvaret for bilbombeangrebet i flygtningelejren.
It is impossible to defeat terrorism because it's an ideology.
Det er umuligt at besejre terrorisme, fordi det er en ideologi.

Air strike - Luftangreb / **Military aircraft** - Militærfly
Air force - Luftvåben/ **Fighter jet** - Jagerfly
Drone - Drone/ **Stealth technology** - Stealth-teknologi
Tank - Tank/ **Submarine** - Ubåd
Weapon - Våben / **Armor** - Rustning
Grenade - Granat/ **Mine** - Mine/ **Bomb** - Bombe/ **Explosion** - Eksplosion
Sniper - Snigskytte/ **Gun** - Pistol/ **Rifle** - Riffel/ **Bullet** - Kugle
Missile - Missil/ **Mortar** - Morter / **Artillery shell** - Artillerigranat
Anti tank missile - Antitank missil
Anti aircraft missile - Luftværnsmissil
Shoulder fire missile - Skulderaffyringsmissil
Ammunition - Ammunition/ **Artillery** - Artilleri
Precision missile - Præcisionsmissil / **Ballistic missile** - Ballistisk missil
Atomic bomb - Atombombe/ **Nuclear weapon** - Atomvåben
Weapon of mass destruction - Masseødelæggelsesvåben
Chemical weapon - Kemisk våben
Flare system - Afbrændingssystemet
Supply - Forsyning/ **Storage** - Opbevaring

The M-16 is a US-made rifle.
M-16 er en amerikansk produceret riffel.
The tank fired artillery shells.
Kampvognen affyrede artillerigranater.
Shoulder-fired missiles are extremely dangerous and are hard to defend against.
Skulderaffyrede missiler er ekstremt farlige og er svære at forsvare sig imod.
The flare system is meant as a defense against anti-aircraft missiles.
Flare systemet er ment som et forsvar mod luftværnsmissiler.
The navy was able to intercept a missile.
Flåden var i stand til at nedskyde et missil.
At the terrorist safe-house, guns, bullets, and grenades were found.
Ved terroristernes tilholdssted blev der fundet våben, kugler og granater.
The coalition forces struck an enemy arms depot.
Koalitionsstyrkerne ramte et fjendtligt våbenlager.
An intense missile attack was carried out against the supply forces that resulted in many casualties.
Et intenst missilangreb blev udført mod forsyningsstyrkerne, der resulterede i mange tab.
The terrorist cell fired ballistic missiles at the nuclear facility site.
Terrorcellen affyrede ballistiske missiler mod atomanlægget.
Atomic bombs and chemical weapons are weapons of mass destruction.
Atombomber og kemiske våben er masseødelæggelsesvåben.

A target - Et mål/ **To target** - At målrette -
An attack - Et angreb / **To attack** - At angribe/ **Intense** - Intens
To shoot - At skyde/ **Open fire** - Åbn ild / **Fired** - Affyret
Assassination - Mord/ **Assassin** - Snigmorder
Enemy - Fjende / **Invasion** - Invasion / **Exchange of fire** - Ildkamp
Reconnaissance - Rekognoscering/ **To infiltrate** - At infiltrere
A cease fire - En våbenhvile/ **Withdrawal** - Tilbagetrækning
Victim - Offer/ **Injured** - Kvæstet/ **Wounded** - Såret
Deaths - Dødsfald/ **Killed** - Dræbt/ **To kill** - At dræbe
Prisoner of war - Krigsfange / **Missing in action** – Savnet i kamp
Act of war - Krigshandling / **War crimes** - Krigsforbrydelser
Defense - Forsvar / **Attempt** - Forsøg

There is an invasion of ground forces.
Der er en invasion af landstyrker.
The soldier wanted to open fire and shoot at the invading forces.
Soldaten ville åbne ild og skyde mod invasionsstyrkerne.
The bomb attack was considered an act of aggression and an act of war.
Bombeangrebet blev betragtet som en aggressionshandling og en krigshandling.
The reconnaissance drone managed to infiltrate deep within enemy territory.
Rekognosceringsdronen formåede at infiltrere dybt inde i fjendens territorium.
The airstrike targeted an ammunition storage site.
Luftangrebet var rettet mod et ammunitionslager.
The mortar attack and exchange of fire caused injuries and deaths on both sides.
Morterangrebet og skudvekslingen forårsagede kvæstelser og dødsfald på begge sider.
First, we need to clear the mines.
Først skal vi rydde minerne.
The ceasefire agreement included the release of prisoners of war.
Våbenhvileaftalen omfattede løsladelse af krigsfanger.
The army made a public statement to announce the withdrawal.
Hæren afgav en offentlig erklæring for at annoncere tilbagetrækningen.
There was a huge explosion as a result of the terrorist attack.
Der var en enorm eksplosion som følge af terrorangrebet.
The commander of the insurgency was accused of serious war crimes.
Chefen for oprøret blev anklaget for alvorlige krigsforbrydelser.
Several of the submarine sailors were missing in action.
Flere af ubåds matroserne var savnet i kamp.

Conclusion

Hopefully, you have enjoyed this book and will use the knowledge you have learned in various situations in your everyday life. In contrast to other methods of learning foreign languages, the theory in this current usage is that ever-greater topics can be broached so that one's vocabulary can expand. This method relies on the discovery I made of the list of core words from each language. Once these are learned, your conversational learning skills will progress very quickly.

You are now ready to discuss sport and school and office-related topics and this will open up your world to a more satisfying extent. Humans are social creatures and language helps us interact. Indeed, at times, it can keep us alive, such as in war situations. You might find yourself in dangerous situations perhaps as a journalist, military personnel or civilian and you need to be armed with the appropriate vocabulary.

"This is a base for military aircraft only," you may have to tell some people who try to enter a field you are protecting, or know what you are being told when someone says to you, "Welcome to the border crossing." As a journalist on a foreign assignment, you may need to quickly understand what you are being told, such as "The sniper killed the highest-ranking lieutenant." If you are someone negotiating on behalf of the army, you may need to find another lieutenant very quickly. Lives, at times, literally depend on your level of understanding and comprehension.

This unique approach that I first discovered when using this method to learn on my own, will have helped you speak the Danish language much quicker than any other way.

Congratulations! Now You Are on Your Own!

If you merely absorb the required words in this book, you will then have acquired the basis to become conversational in Danish! After memorizing these words, this conversational foundational basis that you have just gained will trigger your ability to make improvements in conversational fluency at an amazing speed! However, in order to engage in quick and easy conversational communication, you need a special type of basics, and this book will provide you with just that.

Unlike the foreign language learning systems presently used in schools and universities, along with books and programs that are available on the market today, that focus on *everything* but being conversational, *this* method's sole focus is on becoming conversational in Danish as well as any other language. Once you have successfully mastered the required words in this book, there are two techniques that if combined with these essential words, can further enhance your skills and will result in you improving your proficiency tenfold. *However*, these two techniques will only succeed *if* you have completely and successfully absorbed these required words. *After* you establish the basis for fluent communications by memorizing these words, you can enhance your conversational abilities even more if you use the following two techniques.

The first step is to attend a Danish language class that will enable you to sharpen your grammar. You will gain additional vocabulary and learn past and present tenses, and if you apply these skills that you learn in the class, together with these words that you have previously memorized, you will be improving your conversational skills tenfold. You will notice that, conversationally, you will succeed at a much higher rate than any of your classmates. A simple second technique is to choose Danish subtitles while watching a movie. If you have successfully mastered and grasped these words, then the combination of the two—those words along with the subtitles—will aid you considerably in putting all the grammar into perspective, and again, conversationally, you will improve tenfold.

Once you have established a basis of quick and easy conversation in Danish with those words that you just attained, every additional word or grammar rule you pick up from there on will be gravy. And these additional words or grammar rules can be combined with the these words, enriching your conversational abilities even more. Basically, after the research and studies I've conducted with my method over the years, I came to the conclusion that in order to become conversational, you first must learn the words and *then* learn the grammar.

The Danish language is compatible with the mirror translation technique. Likewise, with *this* language, you can use this mirror translation technique in order to become conversational, enabling you to communicate even more effortlessly. Mirror translation is the method of translating a phrase or sentence, word for word from English to Danish, by using these imperative words that you have acquired through this program (such as the sentences I used in this book). Latin languages, Middle Eastern languages, and Slavic languages, along with a few others, are also compatible with the mirror translation technique. Though you won't be speaking perfectly proper and precise Danish, you will still be fully understood and, conversation-wise, be able to get by just fine.

NOTE FROM THE AUTHOR

Thank you for your interest in my work. I encourage you to share your overall experience of this book by posting a review. Your review can make a difference! Please feel free to describe how you benefited from my method or provide creative feedback on how I can improve this program. I am constantly seeking ways to enhance the quality of this product, based on personal testimonials and suggestions from individuals like you. In order to post a review, please check with the retailer of this book.

Thanks and best of luck,
Yatir Nitzany

Also by Yatir Nitzany

Conversational Spanish Quick and Easy

Conversational French Quick and Easy

Conversational Italian Quick and Easy

Conversational Portuguese Quick and Easy

Conversational German Quick and Easy

Conversational Dutch Quick and Easy

Conversational Norwegian Quick and Easy

Conversational Danish Quick and Easy

Conversational Russian Quick and Easy

Conversational Ukrainian Quick and Easy

Conversational Bulgarian Quick and Easy

Conversational Polish Quick and Easy

Conversational Hebrew Quick and Easy

Conversational Yiddish Quick and Easy

Conversational Armenian Quick and Easy

Conversational Romanian Quick and Easy

Conversational Arabic Quick and Easy

www.ingramcontent.com/pod-product-compliance
Lightning Source LLC
Chambersburg PA
CBHW052100110526
44591CB00013B/2283